Beata Pawlikowska

Moja
dieta cud

Spis treści

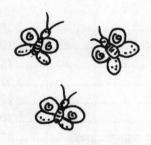

Spis treści

ROZDZIAŁ 1

Rewolucja

Wiesz dlaczego czasem wybucha rewolucja?

Rewolucja wybucha wtedy, kiedy ludzie odkrywają, że to, co dotychczas robili, w co wierzyli i co działo się wokół nich, było kłamstwem. Trwało tak długo nie dlatego, że było pożądane, słuszne i dobre, ale dlatego, że wcześniej nikt głośno nie powiedział, że jest fałszywe i złe.

Kiedy znajdzie się pierwszy śmiałek, który zawoła, że to jest złe, że on się na to nie zgadza i chce to zmienić, nagle pozostali też sobie uświadamiają, że w gruncie rzeczy oni od dawna się z tym nie zgadzają i też chcą to zmienić.

I wtedy zaczyna się rewolucja.

Znam to z własnego życia.

Czy wiesz jak to jest kiedy robisz coś, zajmujesz się czymś, jesteś z kimś, wykonujesz jakieś powtarzające się czynności, ale bez specjalnego przekonania? Tak niby to robisz, ale w gruncie rzeczy myślami jesteś gdzieś indziej. Jesteś z kimś, ale rozglądasz się za innymi. Stosujesz jakieś wytyczne, ale tak naprawdę wcale nie czujesz, że one są najlepsze.

Znasz to?

A potem przychodzi taki moment, kiedy zdarzy się o jedna rzecz za dużo i nagle otrząsasz się i masz wrażenie, że budzisz się ze snu. I wtedy krzyczysz:

– Ja tak dłużej nie chcę!!! Muszę to zmienić!!! To jest złe!!!!

To jest właśnie rewolucja.

Najpierw trwasz w stanie pewnego bezwładnego uśpienia i jak robot stosujesz się do pewnych wskazówek.

Nawet nie zdajesz sobie sprawy z tego, że rośnie w tobie wewnętrzny sprzeciw. Kropla po kropli, niezauważalnie. Dopóki jest ich tyle, że mieszczą się w ramach twojego przyzwolenia i życiowej inercji, nic się nie zmienia.

Ale przychodzi taki dzień kiedy tych drobnych, maleńkich, pozornie nic nieznaczących myśli sprzeciwu jest tak dużo, że nie mieszczą się już w spolegliwej pojemności twojej duszy. Potrzebna jest ta jedna kropla, która przepełni czarę.

Wtedy nagle wstajesz i mówisz:

– Ja się na to nie zgadzam! Tak naprawdę nigdy się na to nie zgadzałem, ale pozwalałem, żeby to trwało. Teraz się nie zgadzam!!!

To jest rewolucja.

Miałam tak w miłości, w pracy i w kuchni.

I oczywiście na moim własnym talerzu.

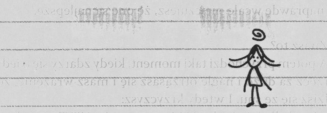

Największa rewolucja
mojego życia

zaczęła się wtedy,
gdy odrzuciłam schematy
i zaczęłam
myśleć

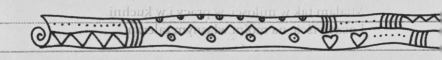

Na przykład kalorie.

ROZDZIAŁ 2

Zaczęłam myśleć

Odkąd pamiętam, zawsze byłam na diecie.

A raczej: pewna część mojego umysłu była na diecie. Bo
druga część mojego mózgu miała gdzieś wszystkie diety,
zalecenia i rygory.

W praktyce to oznaczało, że w moim życiu trwała wieczna walka pomiędzy odmawianiem sobie tego, czego mi nie
wolno jeść, a obżeraniem się tym, na co miałam ochotę.

Znasz to?

Myślę, że też to znasz.

A wiesz dlaczego?

Dlatego że wszystkie diety, jakie znam, są skonstruowane
w idiotycznie bezsensowny sposób. I dlatego nie działają.

Więcej powiem. Wszystkie diety, jakie znam, są szkodliwe, bo koncentrują się na tym jak odjąć ci kilogramów, ale kompletnie pomijają fakt twojego zdrowia i równowagi twojego organizmu.

Dziwisz się?

To była największa rewolucja mojego życia.

Zaczęła się wtedy, kiedy odrzuciłam schematy i zaczęłam myśleć. Po prostu zaczęłam używać mojego rozumu.

Odkryłam wtedy kilka zdumiewających rzeczy.

Na przykład kalorie.

Kiedyś nabożnie czytałam etykiety w poszukiwaniu informacji o kaloriach. Brałam dwa opakowania czekolady i sprawdzałam która ma mniej kalorii. Bo ta, która ma mniej, jest zdrowsza. Tak mi się wydawało. Bo tak zawsze wszyscy mówili.

Kiedy byłam na diecie, było dla mnie oczywiste, że nie mogę jeść tego, na co mam ochotę, ponieważ muszę jeść tylko to, co ma najmniej kalorii. Bo myślałam, że jeśli będę jadła to, co ma mało kalorii, na pewno schudnę.

Czy ty też tak myślisz?

Czy wiesz, że to jest największe kłamstwo odchudzania? Czy wiesz, że to prowadzi do utuczenia zamiast schudnięcia?

Pewnie nie wiesz.

Ja też nie wiedziałam.

Najważniejszym przykazaniem większości diet zawsze było to, żeby jeść mniej kalorii niż spalasz. Wynikało to z prostego matematycznego podejścia do sprawy. Jeśli zjesz tysiąc kalorii dziennie, a spalisz tylko siedemset, to pozostałe trzysta zostają ci na biodrach.

Wszyscy tak mówili. Nie było powodu, żeby im nie wierzyć.

Do dzisiaj większość diet jest oparta na liczeniu kalorii.

Powiem krótko:
To jest straszne kłamstwo!

Organizm ludzki nie jest matematycznym równaniem. Tak oczywiście byłoby łatwiej dla naukowców, którzy przyniosą linijkę, kalkulator, zmierzą, zważą i wydadzą zalecenie, które będzie prawdopodobnie brzmiało jak coś w tym rodzaju:

Pij chude mleko, jedz chudy twaróg, unikaj produktów zawierających cukier. Zamiast nich sięgaj po dietetyczne. Nie przekraczaj tysiąca kalorii dziennie.

Czy wiesz co się stanie jeśli będziesz się stosować do tej diety? Zepsujesz sobie kości, będziesz miała kłopoty z koncentracją i zaczniesz tyć. Wiesz dlaczego? Pewnie nie wiesz. Obiecuję, że w tej książce dokładnie to wyjaśnię.

Ale po kolei.

ROZDZIAŁ 3

Jestem na diecie

Dawno, dawno temu, kiedy mój umysł był pogrążony w bezwolnym letargu, postanowiłam schudnąć.

Nie znosiłam mojego ciała. Zawsze byłam w stanie wskazać to, co mi się w nim najbardziej nie podoba. I oczywiście ten tłuszcz, który siedzi pod moją skórą i którego nie mogę się pozbyć.

Nienawidziłam go. Patrzyłam na siebie w lustrze i aż mnie bolało serce z obrzydzenia.

– Muszę przejść na dietę! – mówiłam sobie, a mój posłuszny zniewolony umysł odpowiadał:

– Tak! Musisz przejść na dietę! Musisz w końcu zmusić swoje ciało do tego, żeby było takie jak chcesz!

Zebrałam się w końcu w sobie i przeszłam na dietę. Jezu! Czego ja nie próbowałam!

Głodówki, dieta owocowa, dieta na sokach, dieta białkowa, dieta bezbiałkowa, dieta bezglutenowa, dieta bez węglowodanów, dieta glikemiczna, dieta niskokaloryczna i kilkanaście innych. Wszystkich nawet nie pamiętam.

Ale było w tym wszystkim coś dziwnego.

Coś takiego samego dziwnego jak wtedy, kiedy zaczynałam się uczyć obcych języków. Kupowałam kurs z książką i płytą, zaczynałam posłusznie od pierwszej lekcji, miałam dobre chęci, robiłam wszystko tak jak kazali, ale po piątej lekcji odpadałam.

Ten obcy język zamiast być coraz bardziej oswojony, wydawał mi się coraz bardziej dziki i obcy.

Nie miałam siły klepać na pamięć kolejnej odmiany nieregularnej, a jeszcze jedna strona opisów zawiłości gramatyki była tak nudna i niepotrzebna, że po prostu zasypiałam.

Coś w tym było nie tak.

Z dietami było identycznie.

Dieta niskokaloryczna. Musisz wiedzieć co ma ile kalorii i tak komponować jedzenie, żeby nie przekroczyć zaleconej liczby. Są nawet przykładowe jadłospisy. Kompletnie od czapki.

Na śniadanie – jeden tost pełnoziarnisty, jeden jogurt dietetyczny i 100 gramów melona.

Zimno mi. Nieszczęśliwa chrupię tosta, zjadam łyżeczką jogurt i czuję jak w środku rośnie mi zimna gula. Ile to jest sto gramów melona? Plaster? Plasterek? Pół plasterka?

Kiedyś miałam
zniewolony umysł

to znaczy,
że brakowało mi

wiary we własne siły
i zaufania do siebie

I dlatego
wszystkie diety

kończyły się porażką

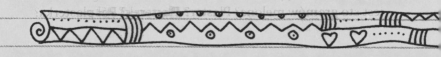

Nie mam wagi. Ten melon też zresztą jakiś niezbyt świeży. Kupiłam go w piątek, żeby zacząć dietę w poniedziałek.

Jezu. Normalnie nie dam rady na tym jogurcie. Jem i ciągle czuję się głodna.

No, ale teraz jestem na diecie. Nie wolno zjeść nic więcej.

Tęsknie patrzę na moje ukochane jabłka. Daję radę. Odmawiam pokusie. Oblizuję łyżeczkę po jogurcie. Zimno mi. Jestem pełna, ale wcale nie jestem najedzona.

Jakoś doczekam lunchu.

Doczekałam.
150 gramów grillowanego łososia.
Jezu!!!

Jak ktoś każe mi zjeść na lunch 150 gramów lekko grillowanego łososia, to ja nie wiem ile to jest 150 gramów, nie mam grilla i nie mam kurczę czasu, żeby tego łososia lekko zgrillować! Poza tym skąd ja mam go wytrzasnąć? Mam pojechać rano do sklepu po świeżego łososia? Przecież nie będę jadła ryby z mrożonki!

Na kolację mogę zjeść pół szklanki humusu. Panika. Humus? To jest pasta z ciecierzycy z oliwą. Skąd ja mam wytrzasnąć humus? Supermarket. Jest. Humus. Małe opakowanie. Czy jest pół szklanki? Może kupię dwa? Przekładam humus do szklanki, żeby zmierzyć dokładnie. Jak dieta, to dieta. Pół szklanki to jest półtora opakowania. Co z pozostałą połówką? Wyrzucam, oczywiście, bo przecież nie wolno zjeść więcej niż pół szklanki.

Ciamkam ohydny w smaku humus. Ziemista papka z plastikowego kubka. Mogłabym oczywiście sama zrobić humus, ale błagam! Musiałabym namoczyć ciecierzycę na dziesięć godzin, a potem ją ugotować i zmiksować z oliwą, sezamem i przyprawami. Nie mam na to czasu!

Czytam napisy na plastikowym opakowaniu humusu z supermarketu. Mam wrażenie, że pasta rośnie mi w ustach. Emulgator, stabilizator, E-coś tam, regulator kwasowości, maltodekstryna.

– Czy to jest zdrowe? – błyska mi w myślach pytanie.

– No, na pewno jest zdrowe – odpowiadam sobie. – przecież gdyby nie było zdrowe, nie można by tego legalnie kupić w sklepie!

Przełykam pastę do końca.

Zimno mi. W środku znów ta dziwna chłodna gula. I ciągle mam to dziwne poczucie, że zjadłam, ale jestem głodna!!!!

Głodna!!!

Głodna!!

Wkurzona!

I nieszczęśliwa!!!

Czuję się jak więzień.

Skazana na wieczną walkę z własnym ciałem.

Chcę schudnąć!

Chcę być piękna i szczupła!

Chcę, żeby ludzie patrzyli na mnie z podziwem!

I ten ohydny smak tłustego humusu w ustach. Ile to było kalorii? Ze trzysta! Nie, zaraz. Trzysta to jest jedna porcja. Ile to jest jedna porcja? Sto gram. Ale sto gram to jest mniej niż pół szklanki?

Panika. Ile waży humus??!!!!!

Zaraz, spokojnie. Przecież zjadłam tyle, ile kazała Mgr Inż. Ekspert do Spraw Żywienia Człowieka i Dietetyki. Ufff. A więc nie zjadłam za dużo. Nie utyję. Zjadłam tylko tyle, ile wolno. Schudnę.

Jakoś mi w ustach dziwnie tłusto i nieprzyjemnie.
– Ale to nic – pocieszam się. – Przecież stosuję się do zdrowej diety!

Drugi dzień.
Dwie kromki chleba graham z margaryną. Dwie łyżki sałatki jarzynowej z sosem jogurtowo-majonezowym. Herbata bez cukru.
Dobra. Super. Mam dobre chęci. Skąd mam w takim razie rano wytrzasnąć dwie łyżki sałatki jarzynowej?
Mam ją zrobić??? Z dwóch groszków i ćwierci marchewki?
Supermarket. Sałatka. Ohyda. Warzywa są rozgotowane, trochę sine, a w składzie znowu te dziwnie brzmiące emulgatory, stabilizatory, glutaminian, kolor E-coś, aromaty. No, ale zgodnie z dietą.

Niedobrze mi.

Na drugie śniadanie kromka chleba z płaską łyżeczką dżemu niskosłodzonego.

Jest. Niskosłodzony. Zamiast cukru ma dietetyczny syrop glukozowo-fruktozowy.

Jestem głodna!!!!
Głodna!!!!

I mam poczucie, że zasługuję na coś lepszego.
Nie muszę się karać i torturować.
Nigdy więcej tego ohydnego humusu!
Chcę słodkiego!

Liczę kalorie.
Czekolada z orzechami ma więcej kalorii niż czekolada bez orzechów. O! Jest nawet czekolada bez tłuszczu! To coś dla mnie!
Jem!
Bosko!
Słodki smak spływa we mnie jak fala łagodnej rozkoszy! Jak ciepły wodospad uśmiechów! Jak to wszystko, czego tak mi brakowało!!!

Czekolada.
Koniec diety.
Odpadłam po czwartym dniu.

ROZDZIAŁ 4

Koniec diety

Tak było za każdym razem.

Do każdej diety podchodziłam poważnie, z przekonaniem i jak na zbawienie czekałam na pierwsze efekty.

Najpierw ignorowałam to, co mi się wydawało bez sensu. Nie miałam po prostu innego wyjścia.

Jeśli dieta mówi, że trzeba liczyć kalorie, to kurczę trzeba liczyć kalorie i koniec.

Ale uparty głos w mojej głowie mówił:
– Odchudzanie się na bazie matematycznego sumowania kalorii? To jest bez sensu.

Miałam dziwne i nieodparte wrażenie, że to powinno być proste i nieskomplikowane. Że dieta powinna być czymś naturalnym, oczywistym, instynktownym. Że niepotrzebne jest liczenie kalorii albo zmuszanie się do zjedzenia pół szklanki ohydnego humusu.

Ale to było tylko moje wrażenie. Wszyscy dookoła mówili inaczej.

Następna dieta. Tylko surowe warzywa. Mało owoców. Żadnych potraw na ciepło. Tak, to bardzo pasowało mojej udręczonej anorektycznej duszy. Jeszcze bardziej się pognębić, wymierzyć sobie jeszcze bardziej dotkliwą karę, cierpieć tak mocno, żeby wreszcie wycisnąć z siebie ostatnią łzę i nienawistną myśl.

Surowa sałata. Wizja cudownej szczupłości mojego ciała i coraz większa niechęć, żeby włożyć do ust twarde, surowe, zimne rzodkiewki, pomidora, ogórka. Żołądek skręcał mi się odmownie na samą myśl. Szukam czegoś, co mi tę surowiznę upiększy. Sos sałatkowy. Oczywiście dietetyczny. W składzie: emulgatory, skrobia modyfikowana, regulator kwasowości, syrop glukozowo-fruktozowy, E-coś. No, ale jest dietetyczny! Czyli na pewno zdrowszy od zwykłego?...

Jezu.

Wtedy o tym nie wiedziałam.

Dopiero później odkryłam, że syrop glukozowo-fruktozowy to sztuczny słodzik dodawany zamiast cukru. Ma tę ciekawą właściwość, że tuczy. Bo wszystko co zjesz, zamienia na tłuszcz. No, ale jest dietetyczny! Bo ma mniej kalorii niż cukier!!!

Drugi dzień na surowym. Myślałam, że będzie łatwiej. Zimno mi. Nie mam siły. Jestem smutna, zniechęcona. Muszę się czymś pocieszyć. Lody karmelowo-toffi zjedzone w tajemnicy przed samą sobą.

Dziękuję bardzo.

Koniec diety.
Wyrzuty sumienia.
Nie znoszę siebie za to, że ciągle nie daję rady.

Tyle razy podejmowałam decyzję o przejściu na dietę!
Dlaczego jestem taka słaba, że nigdy mi się nie udaje dotrwać w tym postanowieniu do końca? Dlaczego zaliczam
wpadkę za wpadką? Dlaczego kupuję lody skoro wiem, że nie
wolno mi ich jeść? Dlaczego jestem niewolnikiem mojego
żołądka? Nienawidzę tego!

No to jeszcze raz.

Następna dieta. Bezbiałkowa. Walczymy z białkiem!
Odzyskujemy wymarzoną sylwetkę! Walczymy ze zbęd-
nymi kilogramami!
Potem następna. Białkowa.
Tylko mięso! Tylko białko pochodzenia zwierzęcego!
Ser, jajka i mięso, jeszcze więcej mięsa!!!

Aaaaaa!!!!!!
Help!!!!!!!
Źle się czuję! Ciężko mi! I nawet jak zjem to, co mi wolno
zjeść, wcale nie czuję się najedzona. Chcę coś innego!!!!
Chleb. Ooooo!!!!! Chleb!!!!

Wgryzam się w grubą, cudownie pachnącą pajdę razo-
wego chleba. O Boże, jak cudownie!!! Pełnoziarnisty, czarny,
ciężki razowiec. Jak mi dobrze!!!!!!
A potem kawałek jeszcze ciepłej szarlotki. O Boże!!!!
Koniec diety!!!

Ale ja tego chleba tak bardzo potrzebowałam! Tak bardzo, że nawet nie mam wyrzutów sumienia. Do kosza z dietą!!!!

Ja chcę jeść to, co lubię!
Chcę mieć poczucie, że jestem wolnym człowiekiem!
Chcę być wolna!

Nie chcę czuć dookoła siebie murów ograniczeń i słyszeć tego brzęczącego głosu w myślach:
— To jest zabronione. Nie wolno. Musisz walczyć. Jesteś na diecie! Chcesz schudnąć. Jeśli złamiesz zakaz, utyjesz!

Koniec!!!
Koniec z tym!

Życie musi być czymś więcej niż tylko przestrzeganiem zakazów, liczeniem kalorii albo indeksów glikemicznych!

W życiu na pewno chodzi o coś więcej niż dopasowanie się do systemu kolejnej ograniczającej diety.

Miałam też dziwne przeczucie, że Mgr Inż. Dietetyki i Technologii Żywienia tak do końca nie wie o co w tym wszystkim chodzi i chyba nigdy osobiście nie zanurzył się w poszukiwania wiedzy i ogarnięcie tego tematu własnym rozumem, ale powtarza to, czego został nauczony podczas wykładów na wydziale żywienia.

To były tylko myśli.
Nie umiałam ich nazwać i wytłumaczyć nawet dla samej siebie.

Doprowadziły mnie jednak do pewnego bardzo ważnego miejsca w życiu.

Postanowiłam wtedy zrobić dwie rzeczy.
Po pierwsze odzyskać wolność.
Po drugie zdobyć radość.

Jedno i drugie mi się udało. I wtedy nie wiedziałam jeszcze, że to pierwsze jest konieczne dla uzyskania tego drugiego, a to drugie jest pierwszym krokiem do najlepszej diety, jaką znam.

Pierwsza najważniejsza rzecz, jaką odkryłam o dietach:

Jeżeli podchodzisz do siebie z nienawiścią, to przegrasz

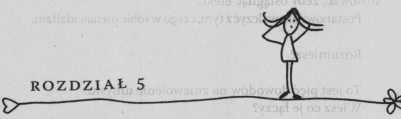

ROZDZIAŁ 5

Zniewolenie umysłu

Kiedy myślę o przeszłości, pierwsza rzecz, jaka przychodzi mi na myśl jest taka, że miałam wtedy zniewolony umysł.

Wiesz co to znaczy?
To znaczy, że brakowało mi wiary we własne siły i zaufania do siebie.

Bo gdybym je miała, to szybciej mogłabym wpaść na to, co dzisiaj wiem.
Ale wtedy byłam zagubiona.

A zniewolenie mojego umysłu polegało na tym, że:
Nienawidziłam swojego ciała
Chciałam jak najszybciej schudnąć
Wierzyłam, że jeśli schudnę, to ludzie będą mnie podziwiali, a jeśli oni będą mnie podziwiali i chwalili, to ja będę szczęśliwa

Szukałam gotowego rozwiązania, które wystarczy zastosować, żeby osiągnąć efekt.

Postanowiłam walczyć z tym, czego w sobie nienawidziłam.

Rozumiesz?

To jest pięć dowodów na zniewolenie umysłu.
Wiesz co je łączy?
Nienawiść, strach, manipulacja, walka i lenistwo.

Rozumiesz?
Już wyjaśniam.

ROZDZIAŁ 6

Nienawidziłam mojego ciała

Kiedyś nienawidziłam swojego ciała. Było dla mnie niewolnikiem, które ma wypełniać moje żądania. Ma być sprawne. Kiedy nie było wystarczająco sprawne i szybkie, nienawidziłam siebie za powolność i niezdarność.

Ma być zdrowe. Żadnych chorób.

Kiedy chorowałam, nienawidziłam siebie za słabość. Byłam nieszczęśliwa, zniechęcona, nic mi się nie chciało. Nienawidziłam wtedy siebie za to, że jestem taka rozlazła, nie mogę się wziąć w garść, jest mi smutno i nienawidzę tego smutku, ale nie mogę się od niego uwolnić. Myślałam wtedy, że nic nie ma sensu. Zatapiałam się w depresyjnym rozgoryczeniu i właściwie było mi wszystko jedno. Nic już nie było ważne. Wszystko było tak samo głupie i bez sensu. Łącznie ze mną, oczywiście.

Mój niewolnik Ciało musiało być też szczupłe! Oglądałam się w lustrze i z nienawiścią patrzyłam na tłuszcz. Zawsze go było za dużo. Zawsze. Nawet wtedy, kiedy moja mama mówiła, że jestem „taka chudzinka". Wiedziałam, że mówi tak tylko po to, żebym lepiej się poczuła. Bo przecież prawda była tuż przed moimi oczami. Tłuszcz!!!

Nienawidziłam tego, że ciało mnie nie słucha. Że nie wypełnia moich rozkazów. Że nie chudnie odpowiednio szybko. Że w ogóle nie chudnie!!!! A czasem nawet mam wrażenie, że wbrew moim rozkazom ciało ma więcej tego ohydnego tłuszczu!!!!

Znów stawałam przed lustrem i czułam do siebie obrzydzenie.
Nienawidziłam tego ciała.
Chciałam je zmienić.
Chciałam je zmusić do tego, żeby się zmieniło.

Nienawidziłam siebie za to, że taka jestem.

Unikałam patrzenia na siebie. Szczególnie kiedy byłam bez ubrania. Ale czasem ogarniała mnie taka złość, że specjalnie stawałam przed lustrem i biłam się pięściami po biodrach i brzuchu, bo czułam taki gniew, odrazę i pogardę do tego jak wyglądam.

– Chcę być szczupła! Chcę zrzucić to sadło! – powtarzałam do siebie.
Patrzyłam na zdjęcia dziewczyn w bikini. Boże, jakie one były piękne! Opalona, gładka skóra, wspaniałe włosy,

białe zęby i te idealne sylwetki! Zgrabne, szczupłe, smukłe. Cudowne! One były po prostu cudowne!

A ja byłam jeszcze brzydsza niż zawsze.

Pamiętam jak szukałam w sklepie tych samych ubrań, które miały na sobie modelki na reklamach. Ja chciałam razem z ubraniem kupić ich ciała. A razem z ich ciałami chciałam kupić ich radosne uśmiechy.

Bo w gruncie rzeczy tylko o to chodziło.

Na każdej reklamie modelki w bikini były szczęśliwe.

Właśnie w taki sposób działa marketing. Podświadomie nęci twoją podświadomość wizją emocji, jakiej najbardziej potrzebujesz.

To dlatego w reklamie kawy występuje śliczna pani, która przytula się do równie (a może nawet bardziej) ślicznego pana. Bo ty w sklepie przywołasz upragnione poczucie, że jesteś bezpieczna w ramionach ukochanego mężczyzny, który się tobą opiekuje.

W reklamie proszku do prania występuje cała szczęśliwa rodzina. Są szczęśliwe, zdrowe dzieci, przystojny, cudowny mąż i żona z brudnym praniem. I cudowny proszek, dzięki któremu cała rodzina jest jeszcze bardziej szczęśliwa niż wcześniej.

Idziesz do sklepu i kupując proszek podświadomie chcesz kupić wizję tej szczęśliwej rodziny.

A w reklamach ubrań? Sama wiesz. Prześliczne szczupłe modelki. Patrzysz na nie i myślisz:

– Ja chcę mieć takie ciało!

Nienawiść
   to destrukcyjna emocja,
która syci się klęską.

Podświadomie pożąda klęski,
żeby móc się w nią wtulić
i doznać gorzkiej ulgi

Nienawiść trawi twoją energię,
   nie zamieniając jej

na nic pożytecznego.

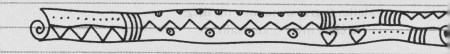

Idziesz do sklepu i kupujesz reklamowane przez nie ubranie, bo podświadomie razem z szortami albo koszulą chcesz kupić ciało modelki i jej pewność siebie.

Przychodzisz do domu, w wyobraźni widzisz swoją twarz w tamtej reklamie.

– Jezu, jak będzie cudownie! – myślisz i podświadomie oczekujesz, że razem z tą cudną bluzką zyskasz wszystko, czego ci brakuje: poczucie własnej wartości, przyjaźń, odwagę, chęć do życia.

Wkładasz najlepszy stanik, bluzkę i wychodzisz. Dreszcz oczekiwania. Radość. Poczucie, że wreszcie osiągnęłaś cel!

Patrzysz na ludzi, czekasz na zachwycone spojrzenia. Ale oni gdzieś się śpieszą, nie mają czasu, żeby podziwiać twoje nowe „ja". Wchodzisz do sklepu. Stajesz w kolejce. Tu na pewno ludzie zauważą jak bosko wyglądasz. W tej superbluzce, w której każdy jest szczupły, szczęśliwy i wartościowy!

Dobrałaś do niej idealnie buty i torebkę. Rozglądasz się ukradkiem. Niech cię podziwiają! Niech zazdroszczą jaka jesteś modna i zadowolona!

Nie podziwiają? Mniejsza z nimi! Deptak! Może spotkasz kogoś znajomego. Biuro. Koleżanki. Coś dziwnego.

Masz wrażenie, że z każdą godziną jesteś jak coraz bardziej wypompowany balonik. Tracisz powietrze, tracisz tę fantastyczną energię, z którą wyszłaś z domu.

– Co jest, kurczę? – myślisz.

Dlaczego coś się znowu zepsuło? Przecież było tak świetnie! Ty piękna jak modelka w tej nowej bluzce. Twoje nowe samopoczucie i pewność siebie. Dlaczego nikt tego nie zauważył? Dlaczego nikt tego nie docenił?

To ich wina!

Jesteś rozgoryczona. To przez nich nie możesz się czuć tak wspaniale jak byś chciała! To ich wina! Bo wszyscy byli zbyt zajęci sobą, żeby docenić twoje nowe „ja"! Nikt cię nie pochwalił tak jak byś chciała! Nikt nie dał ci do zrozumienia, że jesteś fantastyczna. Nikt się w tobie nie zakochał i nikt nie zabiegał o twoją przyjaźń. Co za świat! Ludzie są tacy okrutni! Bezduszni! Nieczuli!

Przecież ty wcale nie chciałaś wiele! Chciałaś tylko, żeby ktoś cię zauważył, docenił i powiedział coś miłego! Czy to dużo? Ależ skąd! To naprawdę bardzo mało! A to było tak bardzo dla ciebie ważne. Zostałaś zignorowana. Czujesz się zraniona. Wracasz do domu.

Lustro. Szok.
Niedowierzanie.

Twoja cudna nowa bluzka pogniotła się i dziwnie zwisa z jednej strony. A z drugiej strony odsłania… Aaaaaaa!!!! – czujesz we własnej głowie dziki wrzask.

I nagle dociera do ciebie porażająca prawda: To nie ich wina! To twoja wina!!!

Bo ta bluzka na tobie wygląda jak obrus! W dodatku krzywo zawieszony i obnażający to, czego w sobie najbardziej nie znosisz: twoje ciało!! A konkretnie: masakryczny wałek tłuszczu ściśniętego spodniami.

Jezu! Porażka!

Znasz to?

Nienawidzisz siebie za to?

Nienawidzisz swojego ciała, że nie jest takie jak w reklamie bluzki?

Ja to znam.

Miotałam się między nienawiścią do siebie a niechęcią do innych ludzi.

Czasem obwiniałam cały świat, a czasem tylko siebie.

Często szukałam jakiegoś winnego, żeby na nim zawiesić wszystkie obelgi, pogardę i nienawiść.

Ale tak naprawdę w głębi duszy nienawidziłam siebie.

Nienawidziłam swojego ciała.

Nienawidziłam tego, że nie mogę nad nim zapanować.

Nienawidziłam tego, że ciągle ponoszę klęskę w odchudzaniu.

Nienawidziłam tego jak wyglądam.

I nienawidziłam tego, że moje życie jest pełne nienawiści.

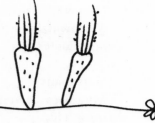

ROZDZIAŁ 7

Niewolnik

Ciało było moim niewolnikiem.
Było moją własnością.

Właściwie nigdy nie zastanowiłam się dlaczego je mam
i czego ono potrzebuje.

Ono należało do mnie.
Dostałam je na własność.
Miało wykonywać moje rozkazy.
Miało chudnąć.
Miało świetnie wyglądać.
Miało mnie przenosić na nogach i umożliwiać mi wszel-
kie inne czynności, na jakie miałam chęć – od skakania po
rysowanie.

Było MOJE.
Miało mnie słuchać.

Ale nie słuchało.

I to było jeszcze bardziej wkurzające.

Musiałam z nim walczyć.
Przechodziłam na dietę.
Wszystkie diety, jakie znałam i jakich próbowałam, też twierdziły, że ciało jest moim niewolnikiem. Trzeba je zmusić do posłuszeństwa. Trzeba schudnąć! Zrzucić zbędne kilogramy! Pozbyć się tego znienawidzonego tłuszczu, bo jest go za dużo!

Czy widzisz destrukcyjny cień, jaki czai się w tych słowach?
„Pozbyć się", „zbędny", „znienawidzony" – to są słowa, jakich można użyć w odniesieniu do pasożytów zagrażających życiu i zdrowiu.
Ale przecież twoje ciało nie jest ani pasożytem, ani czymś zbędnym, a dokładnie wprost przeciwnie!

Twoje ciało jest twoim skarbem!!! To właśnie dzięki niemu twoja dusza ma gdzie mieszkać! Twoje ciało nosi i chroni twój mózg! Twoje ciało zawiera w sobie twoje najbardziej cenne i delikatne „ja"!!!
Jak więc możesz chcieć się go *pozbyć*?

Wtedy tego jeszcze nie rozumiałam.
Katowałam się dietami.
Rozkazywałam mojemu ciału.
Oczekiwałam, że będzie mi niewolniczo służyło i zawsze będzie gotowe na zaspokojenie moich decyzji.

Postanawiam się odchudzać. Zero słodyczy. Zero tłuszczu. Odstawiam wszystkie wysokokaloryczne rzeczy.

Znasz to?

Pewnie tak, bo to jedna z najczęściej powtarzających się wskazówek dotycząca diety.

Wiesz co to oznacza w praktyce?

To oznacza, że patrzę na jedzenie w czysto matematyczny sposób i bardziej dbam o to, żeby zjeść mało kalorii niż o to, żeby zjeść rzeczy, które mnie pożywią.

Zakaz.

Męczę się.

Jeden dzień. Drugi.

Moje ciało się buntuje.

Buntuje się mój umysł.

Im bardziej sobie zabraniam, tym większą mam na to ochotę.

Im bardziej siebie za to nienawidzę, tym bardziej czuję się słaba i bezradna.

Trzeci dzień.

Dieta.

Zjadłam tylko dozwolony niskokaloryczny serek, sałatę z odtłuszczonym sosem, owoce, surową marchewkę.

Moje ciało domagało się jedzenia.

Mój umysł domagał się jedzenia.

Cała moja istota domagała się jedzenia!!!!!!

Ale moja uparta racjonalna część umysłu trzymała się żelaznych kajdan diety i nienawidziła tego nieposłuszeństwa.

Mówiłam do siebie obraźliwymi słowami. Wyzywałam się od grubasów i głupców, krzyczałam na siebie jak na wroga.

– Co ty sobie myślisz?! – wrzeszczałam na siebie w myślach kiedy moje oczy syciły się widokiem złocistego pączka. – Wynoś się stąd! Nie wolno! Masz wreszcie schudnąć! Ty tłusta beczko! Zawsze to samo! Podejmujesz decyzję, a potem załamujesz się, jesteś za słaba. Jesteś po prostu za głupia, żeby zadbać o swoje życie! Zawsze będziesz nikim! Nawet schudnąć nie potrafisz!

Zobacz.
Szantażowałam samą siebie.
Nienawidziłam tego, kim jestem.
Nienawidziłam tego jak wyglądam.
Zachowywałam się jak władca wobec znienawidzonego poddanego.
Wydawałam rozkazy i obrzucałam się obelgami.

Byłam swoim największym wrogiem.
I właśnie dlatego żadna dieta nie mogła się udać.

To jest pierwsza
najważniejsza rzecz,
jaką odkryłam o dietach:

**Jeśli podchodzisz
do siebie
z nienawiścią,
to przegrasz.**

ROZDZIAŁ 8

Nienawiść

Powiem więcej:

Jeżeli do czegokolwiek zabierasz się z nienawiścią, to przegrasz.

Wiesz dlaczego?

Nienawiść to emocja destrukcyjna. Syci się klęską. Podświadomie pożąda klęski po to, żeby móc się w nią wtedy wtulić i doznać gorzkiej ulgi.

Nienawiść trawi twoją energię, nie zamieniając jej na nic pożytecznego. Pozornie wszystko może wyglądać dobrze. Możesz mieć wrażenie, że tylko nienawiść jest w stanie napędzić cię do jakiegokolwiek działania, bo gdybyś tak nie nienawidziła swojego ciała, to nie podjęłabyś decyzji o stosowaniu diety.

Ale spójrz trochę dalej. Ile razy zabierałaś się do czegoś z nienawiścią? Ile razy wygrałaś? Myślę, że nigdy. A nawet jeżeli przez chwilę czułaś zwycięstwo, to pewnie szybko traciło swój smak albo obracało się wniwecz.

Było tak?

Każda decyzja, której inspiracją była nienawiść, nie skończyła się niczym dobrym. A nawet jeśli przyniosła oczekiwane rezultaty, to zostawiła poczucie winy, niechęci albo rozczarowania.

Tak jest zawsze.
Z dietą i z życiem.
Jeżeli twoim punktem wyjścia jest nienawiść, to prędzej albo później wylądujesz z powrotem w miejscu, z którego zaczynałaś. Tyle tylko, że rozgoryczenia będzie w tobie więcej, no bo przecież już raz zaczynałaś i poniosłaś klęskę.

Rozumiesz?
Nienawiść to rodzaj niewoli.
Kiedy masz zniewolone myśli, twoje wewnętrzne „ja" będzie zmierzało tylko do uwolnienia się z przymusu.

Zawsze kiedy myślisz, że *musisz* coś zrobić, to mimowolnie wewnętrznie spinasz się. Usztywniasz się od środka. A kiedy jesteś wewnętrznie spięta i usztywniona, to wszystko staje się trudniejsze. Nie możesz myśleć, trudniej ci się ćwiczy, biega, pracuje czy rysuje.

Bo rozkaz „muszę" działa paraliżująco.
Tak samo jak rozkaz „nie wolno".

Rozumiesz?

Tak długo jak zmuszasz się do czegoś albo sobie czegoś zakazujesz, będziesz przegrywać.

Wiesz dlaczego?

Po pierwsze dlatego, że ciało nie jest twoim niewolnikiem.

Po drugie dlatego, że nienawiść wyczerpuje i zawsze prowadzi na pustynię.

Po trzecie dlatego, że jeśli robisz coś wbrew sobie, to musisz przegrać.

Rozumiesz?
Niezupełnie?
To spróbuję ci to wytłumaczyć inaczej.

Każda decyzja,
której inspiracją
była nienawiść,

nie skończyła się
niczym dobrym.

Nawet jeśli przyniosła
oczekiwane rezultaty,
to zostawiła
poczucie winy
niechęci
albo rozczarowania

ROZDZIAŁ 9

Serce i inni przyjaciele

Czy kiedykolwiek zdarzyło ci się pomyśleć o swoim sercu?
Nie wtedy kiedy bolało.
Tak po prostu.

Wiesz co mam na myśli?
Twoje serce jest w tobie.
Pracuje. Pompuje krew. Skurcza się i rozkurcza.
Ono jest żywą częścią ciebie.
A ty nigdy nawet nie poświęciłeś mu minuty swojego czasu?

No, oczywiście, myślisz o nim wtedy kiedy nie dajesz rady wchodzić po schodach, a twoje serce bije z wysiłku jak szalone. Myślisz o nim kiedy cię kłuje z boku. Myślisz o nim tylko wtedy, kiedy masz z nim kłopoty.

Prawda?

A teraz zatrzymaj się na chwilę i pomyśl co by było, gdyby twoje serce ignorowało cię dokładnie w taki sam sposób jak jest ignorowane przez ciebie. Tłoczyłoby krew do twoich żył tylko wtedy kiedy byłoby wyspane i miałoby na to chęć. Wiesz co by się wtedy stało?

Przestałbyś żyć.

A twój żołądek?

Czy kiedykolwiek przyszło ci do głowy sprawdzić jak twój żołądek wygląda? Znaczy, nie dokładnie twój, ale ludzki żołądek.

Czy kiedykolwiek wpadłeś na pomysł, żeby sprawdzić na czym polega ten magiczny sposób trawienia, dzięki któremu wkładasz coś do ust, połykasz, a potem nie musisz się już o to martwić?

Rozumiesz?

Wszystko dzieje się w tobie „samo", prawda?

Ty tylko podejmujesz decyzję o tym co chcesz zjeść. Wkładasz to do ust, połykasz, a potem?...

Potem dzieją się różne tajemnicze rzeczy, w wyniku których twoje ciało żyje.

Czy kiedykolwiek myślałeś o tym w taki sposób?

Pewnie nie.

W takim razie muszę ci opowiedzieć pewną bajkę.

ROZDZIAŁ 10

Juliusz Cezar

Było sobie pewne miasto. Domy z jasnego marmuru o każdej porze dnia wyglądały trochę inaczej. O świcie, kiedy zaczynało wschodzić słońce, były różowe. Potem stopniowo stawały się coraz bardziej złociste, potem śmietankowe, aż w końcu białe. Około południa pokrywały się mleczną szarością. Kiedy słońce zaczynało się chylić ku zachodowi, mury rumieniły się jak coraz bardziej dojrzałe brzoskwinie. Aż w końcu przed zmierzchem wydawały się pulsować ciepłym pomarańczowym blaskiem.

Ludzie daleko w świecie słyszeli o niezwykłej piękności tego miasta, ale w gruncie rzeczy niewiele wiedzieli co to naprawdę oznacza.

Od czasu do czasu w gazetach publikowano jakieś zdjęcie. Wtedy wszyscy pochylali się i mówili:
— Zobaczcie, jakie proste i strzeliste są te budynki!

– A jak niesamowicie tam świeci słońce!

– No tak – dodawał ktoś z boku – ale zobaczcie, tam płynie rzeka, która znowu wystąpiła z brzegów i zalała im pola pietruszki!

– Tak, tak – kiwali głowami ludzie. – Trudno się uprawia pietruszkę! Trzeba się liczyć z tym, że przyjdzie powódź!

I rozchodzili się do swoich domów.

Ale niektórzy zabierali w myślach cudowny obraz tego miasta. I codziennie kładąc się spać marzyli o tym, żeby pewnego dnia wybrać się w szaloną podróż, dotrzeć tam i zobaczyć to na własne oczy.

Większość z nich nigdy nie zdobędzie się na odwagę, żeby w taką podróż wyruszyć. Zawsze będą mieli ważniejsze sprawy do załatwienia. Zawsze będzie im brakowało czasu. Zawsze będą snuli plany, zdobywali się na heroiczną próbę ich realizacji i upadali z żalem w ten sam kurz, z którego startowali.

To ci, którzy kierują się nienawiścią.

Ich życie to wieczna walka. Walczą ze sobą i walczą z innymi. Gnębią się wbudowanymi w ich podświadomość ograniczeniami i przesądami, ale odpowiedzialność za te uczucia przerzucają na rząd, sąsiadów, wspólników albo partnerów.

Każde zwycięstwo jest trudne i nie przynosi oczekiwanej satysfakcji.

Każda porażka jest gorzka i boli tak, jakby gołe plecy smagać skórzanym batem.

Tak długo jak

zmuszasz się do czegoś
albo
czegoś sobie zakazujesz,

będziesz przegrywać.

Wiesz dlaczego?

→

1. Bo ciało
   nie jest twoim
         niewolnikiem

2. Bo nienawiść
         wycieńcza
   i zawsze prowadzi
   na pustynię

3. Bo jeśli robisz coś
         wbrew sobie,
   to musisz przegrać

Zostawmy ich.

O nich napisałam książki z serii „W dżungli podświadomości".

Zatrzymajmy się przy tych kilku wybrańcach, którzy postanowią spełnić swoje marzenie – mimo że wszystko i wszyscy dookoła będą temu przeciwni.

– Zamierzam wyruszyć w podróż! – oświadczy pewnego dnia nasz bohater, którego nazwę Juliuszem Cezarem.

– To zbyt ryzykowne! – zawoła jego mama.

– To nieodpowiedzialne! – powie jego wspólnik.

– To samolubne! – oświadczy z żalem jego żona.

– To głupie! – dorzuci jego sąsiad.

– On pewnie chce się w ten sposób dowartościować! – powie ktoś złośliwy.

Ale Juliusz Cezar czuł gdzieś głęboko w duszy, że to jest właśnie to, co chce zrobić. Mimo że nie znał drogi i nie wiedział jakie niebezpieczeństwa mogą go spotkać po drodze. Zaczął więc pakować walizkę.

– Boże, synku! – jego mama załamała ręce. – Zawsze musisz wymyślić coś takiego, żebym ja nie mogła spokojnie spać! Czy ty nie możesz usiedzieć spokojnie na miejscu? Załóż rodzinę! Kup sobie psa! Ja nie chcę się tak ciągle o ciebie martwić!

– To nie martw się, mamo – odpowiedział Juliusz Cezar.

Bo przecież on nie jest winien temu, że jego mama wiecznie się martwi.

— Julek, opamiętaj się! — zażądał jego wspólnik. — Nie możesz teraz wyjechać! Sytuacja jest ciężka! Musimy być tu na miejscu i pilnować interesu! Jeżeli teraz wyjedziesz, nie wiadomo czy będziesz miał do czego wracać!

— Trudno — odrzekł Juliusz Cezar. — Gdybym miał się kierować sytuacją na rynku, nigdy nie zdarzy się dobry moment. Zawsze będzie albo kryzys, albo wyjątkowo dobra koniunktura. Tak czy inaczej zawsze musiałbyś siedzieć na miejscu.

— On się chce wywyższyć! — szeptali po kątach.
— Wywyższyć? — dziwił się Juliusz Cezar.
— Chcesz pokazać, że jesteś lepszy! Że cię stać na takie szaleństwo!
— Przecież każdy może to zrobić — wzruszał ramionami Juliusz. — Tylko nie każdy chce.
— No właśnie! — potakiwali złośliwi. — Chcesz się wywyższyć pokazując, że ty masz siłę, a inni jej nie mają!

Różnie ludzie gadali za jego plecami. A Juliusz Cezar po prostu spakował swoją walizkę, zamknął drzwi i wyruszył w drogę.

ROZDZIAŁ 11

Cudowne miasto

Wychodząc z domu nie bardzo wiedział jak będzie wyglądała ta podróż. Ale wszędzie znajdował jakieś wskazówki i drogowskazy. Rozglądał się. Pytał przypadkowych przechodniów. Kupował mapy i czytał przewodniki. Aż pewnego dnia dotarł do celu.

Stanął w zdumionym zachwycie.

Miasto było takie, jak mówili! Zbudowane z delikatnego marmuru! Lśniło w blasku tropikalnego słońca. Było tak cudowne, że zatrzymał się na pagórku i patrzył. Sycił oczy. I cieszył się z tego, że spełnił swoje marzenie.

A potem wszedł przez otwartą bramę do środka.
Natychmiast podeszli do niego dwaj strażnicy.
– Kim jesteś? – zapytali. – Skąd przybywasz? Co masz w bagażu?

– Ja tylko… z ciekawości – odrzekł Juliusz Cezar. – Chciałem na własne oczy zobaczyć jak tu jest.

– Jeszcze moment – powiedział jeden ze strażników i prześwietlił go wykrywaczem podejrzanych substancji. – Możesz iść. Witamy w naszym mieście.

– Dziękuję – uśmiechnął się zadowolony Juliusz Cezar.

Jakie to było niezwykłe miasto!

Wszędzie dookoła coś się działo. W powietrzu fruwały ciche, szybkie pojazdy przypominające okrągłe taksówki. Rozwoziły pasażerów i paczki z towarami.

Właściciele sklepów rozkładali najlepsze produkty na wystawach. Kierowcy wyładowywali zapasy do magazynów. Ekipa sprzątająca zamiatała ulice, myła okna i pucowała klamki przy drzwiach wejściowych.

– Witaj! – zawołał wesoły student w roboczym kombinezonie. – Ty chyba z daleka? Jak ci się podoba nasze miasto?

– Bardzo mi się podoba! – odpowiedział bez wahania Juliusz Cezar. – Jest takie ładne i zadbane! Nie widziałem wcześniej, żeby ktoś tak starannie czyścił klamki!

– Klamka to ważna rzecz! – odrzekł student. – Klamka dużo mówi o tym, co się dzieje w środku, czyli za drzwiami, które otwierasz! Kiedy klamka jest brudna, to znak, że mieszkańcy tego domu stracili chęć do życia.

– Nigdy w taki sposób o tym nie myślałem – przyznał Juliusz Cezar. – I wszyscy w całym mieście też tak robią?

– Rozejrzyj się – powiedział z zadowoleniem chłopak. – Sam zobaczysz.

I rzeczywiście. Ulice pozamiatane, okna czyste, trawniki szmaragdowozielone, klamki tak lśniące, jakby chciały wskoczyć na niebo i udawać gwiazdy.

– A co to tak stuka? – zauważył nagle Juliusz Cezar.
– Fabryka cegieł – wyjaśnił krótko student. – Przez cały rok robimy cegły na eksport.
– Eksportujecie? – zainteresował się Juliusz Cezar.
Może dzięki niemu uda się nawiązać kontakty handlowe i zaprowadzić taki sam porządek w mieście, z którego on pochodzi?

– Cały czas – powiedział student. – Zobacz – wskazał na wielkie budynki ze szkła i stali. – Fabryka cegieł. Dwadzieścia cztery godziny na dobę.
– Hm! – mruknął z podziwem Juliusz Cezar. – Macie tyle dobrego surowca?

– Mamy dobrego dostawcę – sprostował student. – Codziennie przyjeżdżają pociągi wypakowane dobrą gliną. Im lepsza glina, tym lepsze cegły.
– I co potem robicie z tymi cegłami?
– Wysyłamy do innych miast. Wszyscy chcą się budować.
– To prawda – przyznał Juliusz Cezar. – Ludzie zawsze będą chcieli gdzieś mieszkać. To przyszłościowy biznes.
– Mamy też bardziej nowoczesne materiały. Stal. Szkło. Szlachetne kamienie i marmury.
– Wiem! Słyniecie z tego na cały świat! Prawdę mówiąc przyjechałem tutaj właśnie dlatego, że zaintrygowały mnie zdjęcia waszych wspaniałych marmurów.

– Byłeś już w ratuszu? – zagadnął student i wrócił do polerowania klamki.

– Macie ratusz?

– No jasne. Centrum dowodzenia. Mamy dobrego burmistrza. Interesuje się, wszystko wie i sprawnie zarządza miastem.

– Dobry burmistrz to skarb – przyznał Juliusz Cezar i pomyślał, że gdyby wszystkie miasta były tak świetnie zarządzane, świat wyglądałby inaczej. A może uda się namówić burmistrza tego wspaniałego miasta do przeprowadzki?...

Ratusz był solidnym, ciężkim budynkiem z czujną ochroną. Juliusz Cezar został prześwietlony, przeszukany i przepytany. Pozwolono mu wejść dalej.

Stanął na dziedzińcu przy fontannie. Z otwartych okien dobiegały odgłosy pracy, rozmów, stemplowania dokumentów. Wszyscy byli zajęci i tak skoncentrowani na swojej pracy, że nikt nie zwrócił na niego uwagi.

– Przepraszam – zagadnął trochę nieśmiało strażnika w dyżurce. – Gdzie znajdę pana burmistrza?

– Burmistrz jest zajęty! – odrzekł strażnik stanowczo.

– Przybywam z daleka, chciałem tylko pogratulować sukcesu i wspaniałego rozwoju tego miasta – przekonywał Juliusz Cezar.

– Burmistrz jest zajęty! – powtarzał jak automat strażnik.

– Na sekundę? Na dziesięć minut?

– Burmistrz jest zajęty!

I rzeczywiście był. Przemierzał korytarze ratusza zdecydowanym krokiem, podejmował dziesiątki ważnych decyzji, akceptował zamówienia, podpisywał międzynarodowe kontrakty i umowy handlowe, sprawdzał jakość eksportowanych towarów. Nie przyjmował gości, bo po prostu nie miał na to czasu.

Nie odpoczywał nawet wtedy kiedy zapadał zmrok. W ciemności krążył po ulicach swojego ukochanego miasta i sprawdzał czy wszystko działa tak, jak powinno. Badał nowo zbudowanych grubość murów i w razie potrzeby wydawał polecenie ich poprawienia. Przyglądał się czy trawa właściwie rośnie na trawnikach i decydował o tym jak i kiedy należy ją podlewać. Ważył w rękach świeżo dostarczoną glinę i upewniał się czy jest wystarczająco dobrej jakości do wyrobu mocnych cegieł. Przeciągał nawet palcem po futrynach drzwi, żeby się upewnić, że zostały starannie wytarte z kurzu. I patrzył z uśmiechem jak księżyc odbija się w wypolerowanych klamkach.

To był naprawdę dobry burmistrz.
I nic nie zapowiadało tego, że to się może zmienić.

ROZDZIAŁ 12

Pół roku później

Juliusz Cezar spędził w mieście jeszcze kilka dni. Z podziwem odkrywał drobne, genialne usprawnienia wprowadzane przez mieszkańców miasta na polecenie burmistrza. To on wieczorami rozsyłał ekipy specjalistów, którzy sprawdzali każdą rynnę i montowali w nich specjalne czujniki informujące o przecieku. Inni zaglądali do kominów, oliwili zamki i zawiasy w drzwiach, zbierali śmieci i wysyłali je na wysypisko.

Wszystko działało jak w zegarku.

Pewnego dnia Juliusz dowiedział się, że w pobliżu znajduje się więcej podobnych miast i postanowił wyruszyć w podróż po okolicy.

Wędrował przez pół roku. Zatrzymywał się w hotelach i przydrożnych gospodach, spotykał ludzi i spędził wiele godzin na rozmowach. Zauważył jednak dziwną rzecz.

Po kilku miesiącach ludzie coraz częściej odwracali wzrok. Nie odpowiadali na przywitanie. Mieli szklisty wzrok, wydawali się nieobecni.

Nawet kiedy zadawał proste pytanie w rodzaju:
– Gdzie mogę dzisiaj spędzić noc?
Patrzyli na niego, mrugali i wyglądali tak, jakby nie docierało do nich o co chodzi.
– Hotel? – podsuwał Juliusz Cezar. – Schronisko?
– Nie, chyba nie... – kręcili głowami, a on miał dziwne wrażenie, że wcale nie odpowiadają na jego pytanie, tylko mówią do własnych myśli.

W państwie działo się coś niepokojącego.

Po sześciu miesiącach Juliusz Cezar ponownie stanął w bramie słynnego marmurowego miasta. Zaraz pewnie przybiegną czujni wartownicy, prześwietlą go i sprawdza co przywozi.
– Halo? – rozejrzał się zaskoczony. – Mogę wejść?
Cisza.
Ale w budce strażnika ktoś się chyba poruszył.
– Dzień dobry! – Juliusz Cezar wetknął głowę przez okno.
– Dobry – odrzekł niezbyt przytomnie strażnik.
– Mogę wejść? – upewnił się Juliusz Cezar.
– Wchodź pan! – strażnik machnął ręką. Wydawał się bardzo zmęczony.

– Dziwne – pomyślał Juliusz Cezar.
Rozglądał się badawczo. Trawa na trawnikach zwiędła. Okna domów chyba dość dawno już nie były myte, bo

zasnuły się matowym nalotem. Nigdzie w pobliżu nie było widać ekip sprzątających, mimo że na rogach ulic leżały rozsypane śmieci. W bramach kryli się różni podejrzani osobnicy o poszarganym wyglądzie. Byli ubrani w łachmany i zarośnięci, zupełnie niepodobni do ludzi, którzy na stałe mieszkali w mieście.

– Co tu się dzieje? – zdumiewał się Juliusz Cezar. – Kto ich wpuścił? Dlaczego straże nie czuwają? Dlaczego nikt tu nie sprząta?

Poszedł prosto do ratusza.

W bramie znów nie został zatrzymany przez nikogo. Wartownik spał.

Fontanna na dziedzińcu nie działała.

A przez otwarte okna słychać było wolno człapiące kroki i westchnienia.

– Halo? – zawołał Juliusz Cezar i zastukał w szybę.

Urzędniczka siedząca przy biurku podniosła głowę i zmrużyła oczy z wysiłkiem.

– Czy mogę wejść?

Nie odpowiedziała. Patrzyła na niego z tym samym otępieniem, jakie wcześniej zauważył na twarzy wartowników.

– Co się stało? – zapytał Juliusz Cezar.

Było mu żal. Był tu przecież zaledwie pół roku wcześniej! Całe miasto było wtedy czyste, sprawnie zarządzane, a ludzie wydawali się pełni siły i optymizmu! Co się musiało stać, żeby doprowadzić do takiej zmiany?

Urzędniczka wzruszyła ramionami.

– Byłem tu wcześniej! – upierał się Juliusz. – To było najlepsze i najbardziej bogate miasto, jakie można sobie wyobrazić? Co się stało??

Urzędniczka rozgarnęła śmieci na biurku i wydobyła spod nich niebieski zszywacz. Chwyciła go taki gestem, jakby chciała spiąć razem kilka dokumentów, ale zatrzymała rękę w powietrzu. Zapomniała chyba gdzie leżą dokumenty.

– Rety! – Juliusz Cezar zasapał z przejęcia. Co tu się dzieje?

– Czy pani jest w pracy? – zapytał w końcu.

Pokiwała głową z taką miną, jakby chciała powiedzieć:

– W pracy? No, chyba tak. Są godziny urzędowania, a ja siedzę przy biurku, więc chyba jestem w pracy.

Juliusz wyjrzał przez okno na dziedziniec.

– A dlaczego fontanna nie działa? – zapytał bezradnie. Nikt mu nie odpowiedział.

Miasto upadło.

Burmistrz podobno próbował je ratować, ale nie dał rady. Wszystko sprzysięgło się przeciwko niemu.

W wodociągach pojawiła się zatruta woda.

Z niewyjaśnionego powodu rolnicy przestali przywozić do miasta żywność. Ludzie byli głodni, źli i nie mieli siły do pracy.

A ci, którzy zdobyli się na wysiłek przyjścia do fabryki, odkryli, że z nowych dostaw importowanej gliny nie da się zrobić porządnych cegieł. Niby wygląda podobnie, ale cegła po wypaleniu kruszy się i rozsypuje. Nie ma mowy, żeby coś z niej zbudować.

Ekipy sprzątające były zbyt zmęczone, żeby zamiatać ulice.

Strażnicy nie mieli siły pilnować bram, więc do miasta przedostali się przestępcy, którzy włamywali się, wybijali okna i kradli co ładniejsze klamki.

Fabryka cegieł pracowała na pełnych obrotach, ale bez pełnowartościowego materiału nie było w stanie wyprodukować cegieł, więc nie miała nic do sprzedania. Maszyny kręciły się w kółko, a robotnicy czekali ze strachem aż silniki urządzeń się zatrą i staną na dobre.

Wstrzymano prawie cały eksport. Od czasu do czasu ledwie zipiące ciężarówki wypełzały z miasta na zakurzoną drogę i jechały z towarem w dal. Ale nawet benzyna do aut była zanieczyszczona.

Miasto chyliło się ku zagładzie.

I nikt nie wiedział co zrobić, żeby je uratować.

A czy ty wiesz?

ROZDZIAŁ 13

Mądry burmistrz

Miasto w mojej bajce to jedna komórka twojego organizmu. Masz ich w sobie mniej więcej sto bilionów. Jeden bilion to jest 1 000 000 000 000. A w tobie jest 100 000 000 000 000 żywych komórek. Jest ich tak dużo dlatego, że cały jesteś z nich zbudowany.

Uwaga.

Cały jesteś zbudowany z komórek. Twoja skóra, kości, nerwy, serce, mózg, krew i tkanki. Rozumiesz?
Jesteś zlepkiem komórek – dokładnie tak samo jak państwo jest zlepkiem miast i wsi.

I teraz zobacz:
W mieście są ekipy sprzątające, wartownicy strzegący bezpieczeństwa, jest elektrownia i fabryka cegieł. To wszystko działa pod warunkiem, że ludzie mają siłę do pracy.

A mądry burmistrz nocą chodzi i sprawdza czy wszystko jest tak, jak powinno być.

W każdej twojej komórce jest dokładnie tak samo!

Jest ekipa sprzątająca kurz i zbędne substancje.

Są wartownicy pilnujący, żeby do środka nie przedarli się przestępcy, czyli bakterie i wirusy.

Jest elektrownia, która produkuje twoją życiową energię.

Jest fabryka cegieł, z których twoje ciało buduje nowe komórki.

I jest oczywiście mądry burmistrz, który nocą, kiedy ty śpisz, sprawdza czy wszystko jest zgodnie z planem, zdrowe i silne, a jeśli coś wymaga naprawy, natychmiast przystępuje do regeneracji.

Rozumiesz?

Miasto działa tylko wtedy, kiedy ludzie mają siłę do pracy. Kiedy Juliusz Cezar przybył do słynnego miasta po raz pierwszy, spotkał się z twoją zdrową komórką.

Potem przez pół roku jadłeś fast food, nie dosypiałeś, żyłeś w stresie i nerwach, głód przegryzałeś batonem i w poczuciu winy stosowałeś niskokaloryczną dietę.

Twoje miasto się rozsypało.

Otępiałe urzędniczki przekładały dokumenty z biurka na biurko, bo były zbyt zmęczone i niedożywione, żeby zrozumieć co jest na nich napisane.

Zmęczeni strażnicy wpuszczali do miasta przestępców, czyli bakterie, wirusy i zarazki, a ty zacząłeś mieć krosty na twarzy i na plecach, bóle brzucha, bóle głowy, depresje, zgagę i inne dolegliwości.

Jesteś cały
zbudowany
z komórek.

Każda pojedyncza komórka
jest jak miasto.

Te wszystkie miasta razem
tworzą państwo.

I ty jesteś tym państwem.

Twoje zdrowie
zależy od tego

co się dzieje
w twoich komórkach.

Każda twoja komórka
produkuje energię,
oddycha, pije i je –

i czerpie siłę
z twojego pożywienia

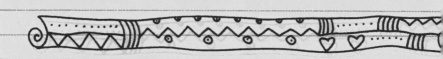

I naprawdę nie wiesz skąd one się wzięły?
Naprawdę?...

Twój mądry burmistrz nie nadążał z naprawianiem tego,
co jest w tobie zepsute, bo za krótko spałeś. A on tylko w czasie twojego snu może spokojnie zrobić obchód przez miasto,
znaleźć usterki i natychmiast skierować tam specjalistów.

Czy wiesz dlaczego niektóre produkty spożywcze nazywa
się „pustymi kaloriami"? Albo „śmieciowym jedzeniem"?

Wiesz?

To dlatego, że są jak słaba glina, z której nie można ulepić
porządnych cegieł.
Pamiętasz jak Juliusz Cezar wrócił do miasta i robotnicy
w fabryce powiedzieli mu, że coś tam próbują robić, ale te
cegły kruszą się i rozpadają?

Tak samo jest w twojej komórce.
Masz fabrykę cegieł.
A to co jesz, to glina, z której można lepić cegły.

A teraz wyobraź sobie kopalnię gliny.

Jest ogromna i należy do bardzo szanowanej rodziny.
Trzeba przejechać przez bramę, złożyć zamówienie. Glina
ma różne kolory, ale jest gęsta, lepka, błyszcząca. Żeby ją
kupić, trzeba nadłożyć kawałek drogi, ale wielu ludzi twierdzi,
że warto, bo to jest taka glina, z której buduje się naprawdę
świetne, mocne domy.

A tu w okolicy stanął gość pod dużym parasolem i sprzedaje podróbkę gliny. Tanio. Zachęca cię, że ma niskie ceny i fajne kolory.

Specjaliści mówią, że ta glina jest bezwartościowa, śmieciowa i że niczego nie można z niej zbudować, bo nawet jak zbudujesz, to ta konstrukcja szybko się rozsypie, ale ty?... Co sobie myślisz?

Że fajna cena? Że blisko? I że nie chce ci się jechać za miasto do szanowanej kopalni?

Halo!
Obudź się!

Glina to jest budulec, z którego twoje komórki robią cegły twojego mózgu, twojego serca, żołądka, wątroby, twoich mięśni, twojej inteligencji i siły.

Na pewno słyszałeś, że hamburgery, hot-dogi, zapiekanki, pizza, frytki, batony i inny fast food to jedzenie „bezwartościowe i śmieciowe". Prawda?

Słyszałeś. I co z tego?
Pomyślałeś wtedy jak ten gość, który przyjeżdża po cegły do przydrożnej budki z podróbką gliny, że właściwie ta glina wygląda podobnie, a jest taka tania, więc może to jest dla ciebie dobry biznes?

Halo!!!
Czy naprawdę wciąż tak uważasz?

Jeżeli budujesz dom z najtańszych cegieł, o których wiesz, że są śmieciowe i bezwartościowe, bo się szybko kruszą, to z czym zostaniesz w życiu?

Jeżeli dom to twoje ciało, a cegły to twoje komórki, to wiesz z czym zostaniesz? Z rozpadającym się domem, czyli ze słabością i chorobą. Choćby taką jak cukrzyca, rak, otyłość albo miażdżyca.

Rozumiesz?

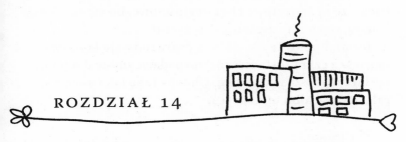

ROZDZIAŁ 14

Komórka jest jak miasto

Pewnie myślisz, że przesadzam i że wymyśliłam to miasto, żeby fajnie wyglądało w książce.

Mylisz się.

Najpierw wpadłam na genialny pomysł, żeby sprawdzić jak to wszystko właściwie działa. To znaczy pomysł był genialny, ale jego realizacja bardzo trudna i skomplikowana.

Chciałam tylko zrozumieć jak działa komórka.

Zaczęłam szukać książek, filmów i informacji na ten temat.

Mam dziwne wrażenie, że nauka sama sobie podcina skrzydła, bo posługuje się tak skomplikowanym i trudnym do zrozumienia językiem, że nawet jeśli chce nam przekazać coś wartościowego, to treść ginie w kosmicznie zawiłym języku naszpikowanym obcymi słowami. To jest jak dżungla.

Żeby zrozumieć krótki naukowy tekst, trzeba posiekać go jak maczetą i wyrąbać w nim przejście.

Nie chodzi o to, że nie rozumiem poszczególnych słów, bo jestem w stanie dotrzeć do ich znaczenia. Mam na myśli to, że sposób przekazania prostej informacji bywa tak pokrętny i wielokrotnie złożony, z wieloma zastrzeżeniami, dodatkami i wyjątkami, że cały obraz staje się mętny i niejasny.

Musiałam więc przebrnąć przez stosy mądrych książek, żeby zrozumieć taką cudownie prostą rzecz:

Komórka jest jak miasto.

Ma elektrownię, czyli mitochondria, które wytwarzają energię. Każda komórka w twoim ciele potrzebuje tej energii, żeby robić to, co do niej należy – komórka w twoim oku dzięki temu widzi to, na co patrzysz. Komórka nerwowa czuje to, czego dotykasz. Komórka w mięśniach kurczy się i rozciąga, żebyś mógł iść.

Komórka ma cegielnię i potrzebuje dobrej jakościowo gliny, żeby produkować nowe cegły. Z tych cegieł buduje ci nowe komórki mózgowe, żebyś lepiej myślał. Nowe komórki w mięśniach, żebyś szybciej biegał. Nowe komórki w jelitach, żebyś lepiej trawił.

Dobra jakościowo glina to taka, z której można zbudować trwałe i mocne komórki. Dobra jakościowo glina to takie jedzenie, które dostarcza ci tego, co każda twoja komórka koniecznie potrzebuje mieć: tłuszczów, białek, cukrów, soli mineralnych, witamin i wody.

Zatrzymam się tu na chwilę.

Kiedy piszę o tłuszczach, pewnie czujesz wewnętrzny sprzeciw, no bo ty musisz schudnąć, prawda? Tłuszcz to twój wróg?

Ja też tak kiedyś myślałam.

I wtedy właśnie nie byłam w stanie schudnąć.
Wiesz dlaczego?

Dlatego że te tłuszcze, których potrzebuje każda twoje komórka, nie mają nic wspólnego z tłuszczem, który odkłada się na twoich biodrach.

Jasne?

Dokładnie w taki sam sposób, jak cukry, których potrzebuje każda twoja komórka, nie mają nic wspólnego z batonem czekoladowym albo innymi słodyczami. Jasne?
Chodzi o substancje naturalne, zawarte w różnych rzeczach stworzonych przez naturę.

Ale ponieważ naukowcy lubią komplikować zamiast upraszczać, najpierw mówili o tym, że tłuszcz jest zły. Potem zaczęli mówić, że właściwie nie cały tłuszcz jest zły. Że tylko tłuszcze nasycone są złe, a nienasycone nie. Potem mówili, że trzeba jeść tłuszcze roślinne, bo są zdrowsze. A inni po pewnym czasie powiedzieli, że to wcale nieprawda, że jest właściwie odwrotnie i że masło jest dziesięć razy bardziej zdrowe niż margaryna, dlatego że margaryna to wysoko przetworzone, pełne chemii, sztucznie utwardzone tłuszcze roślinne.

Rozglądasz się, słuchasz, chcesz być mądra, ale z tego wszystkiego robisz się coraz bardziej skołowana. I już w końcu nie wiadomo co jest dobre, a co złe.

Jest dobry cholesterol i zły cholesterol. Jest dobry tłuszcz i zły tłuszcz. Jest dobry cukier i zły cukier. Jezu! Jak zwykły człowiek ma się w tym wszystkim zorientować???

Tym bardziej, że co chwilę ktoś mówi coś nowego!

Jedni mówią, że wolno zjeść ciastko raz w tygodniu, inni mówią, że nigdy. Jedni mówią, żeby jeść tylko mięso, a inni, żeby unikać mięsa. Zwariować można. Nie wiadomo komu wierzyć.

A najgorsze jest to, że i tak nie ma żadnych efektów!

Tak myślisz?

Rozumiem. Ja też tak myślałam. Miotałam się od jednej „mądrości" do następnej. Od jednej diety do innej. Od jednego Mgr Inż. Ds. Żywienia i Dietetyki do innego specjalisty, który ogłaszał, że odkrył dietetyczną Amerykę.

Próbowałam tych różnych diet.
I wiesz co mnie zawsze zastanawiało?
Że każda dieta kazała mi z czymś walczyć. I miałam takie dziwne podskórne, instynktowne wrażenie, że w tym wszystkim wcale nie o to chodzi.
I teraz wiem, że słusznie czułam.
I za chwilę to wyjaśnię.

Teraz wracam do miasta.
Czyli do twojej komórki.

ROZDZIAŁ 15

Woda i szlam

Przypomnę: jesteś cały zbudowany z komórek.
Każda pojedyncza komórka jest jak miasto.
Te wszystkie miasta razem tworzą państwo.
Ty jesteś tym państwem.

Twoje zdrowie zależy od tego, co się dzieje w twoich
komórkach. Tak samo jak pomyślność państwa zależy od
tego jak się rozwijają jego miasta i wsie.
Jasne?

To pójdźmy o krok dalej.
Każda twoja komórka produkuje energię, oddycha i musi
jeść. Każda twoja komórka potrzebuje do życia tłuszczów,
białek, cukrów, wody i tlenu.
Jasne?

Wyobraź sobie miasto.

Co się dzieje kiedy w wodociągach zaczyna brakować wody?

Ludzie się skarżą, nie mogą się schłodzić podczas upału, nie mogą umyć brudnych naczyń ani wyprać ubrań. Przestaje działać klimatyzacja, a zimą nie działa też ogrzewanie.

Życie staje się potwornie trudne. Ludzie są zdezorientowani. Nie wiedzą co robić. Wzywają straż pożarną. Zamiast zajmować się codziennymi sprawami, przez całe godziny wydzwaniają do służb miejskich z pytaniami kiedy skończy się ten dramat. Ale co mogą zrobić służby miejskie? Wstrzymano dostawy wody. Po prostu. Nawet straż pożarna nie ma tyle, żeby wszystkim pomóc.

Po kilku dniach w mieście zaczyna cuchnąć. Nieumyci ludzie brzydko pachną, na ulicach piętrzą się śmieci, śmierdzi z łazienek.

Wiesz co się wtedy dzieje?

Do bram miasta przyjeżdżają wędrowni sprzedawcy szlamu. I mówią:

– Ej, słuchajcie! Dzisiaj promocja! Tanio! Dwie butelki szlamu w cenie jednej!

Niektórzy ludzie dają się skusić. Zalewają szlamem ubrania i brudne naczynia. Szorują. Piją. Kąpią się. I dziwią się, że wcale nie czują się lepiej.

Rozumiesz?

Płyn płynowi nierówny.

Szlam, woda z kałuży albo woda z basenu nie zastąpią czystej wody. Takiej wody, jaką stworzyła siła natury. Albo: takiej wody, jaką stworzył Bóg. A wiesz po co ją stworzył?

Woda na Ziemi istnieje dlatego, że potrzebują jej wszystkie żywe istoty. Ty też.

Wiem, kiwasz głową i mówisz:
— No jasne, przecież to oczywiste. To banał. Każde dziecko o tym wie.

Uwaga, mam proste pytanie:
— A czy to dziecko wie także o tym, że każda istota na Ziemi potrzebuje do życia *prawdziwej i czystej* wody?
Rozumiesz co mam na myśli?
To bardzo proste.

Spróbuj podlewać swoją ulubioną roślinę oranżadą z butelki. Albo lepiej nie. Nie próbuj, bo doprowadzisz do jej śmierci. Wiesz dlaczego?
Bo oranżada to woda z dodatkiem chemicznych substancji wyprodukowanych przez człowieka.

Wiem, że pewnie wolałbyś tego nie wiedzieć, ale prawda jest prawdą i nawet jeśli będziesz próbował przed nią uciekać, w końcu i tak cię znajdzie.

Prawda brzmi:

Biały cukier to substancja chemiczna sztucznie wyprodukowana przez człowieka.
Aspartam, sorbitol i inne słodziki to substancje chemiczne sztucznie wyprodukowane przez człowieka.
Aromat identyczny z naturalnym to substancja chemiczna sztucznie wyprodukowana przez człowieka.

Regulator kwasowości to substancja chemiczna sztucznie wyprodukowana przez człowieka.

Barwniki, stabilizatory i inne dodatki w napojach to substancje chemiczne sztucznie wyprodukowane przez człowieka.

Napój z dodatkiem cukru, aspartamu, regulatora kwasowości i barwnika to dla twojej komórki szlam, a nie woda.

Rozumiesz?

Chemiczne dodatki do żywności są substancjami, które wnikają do wnętrza każdej twojej komórki i mają na nią wpływ.

Czy rozumiesz co to znaczy?

To znaczy, że do twojego miasta są na siłę wprowadzane oddziały robotów, które maszerują w żelaznych buciorach przez twoje trawniki i klomby róż. Roboty nie myślą tak jak mieszkańcy twojego miasta. Mają mechanicznie spełniać pewne zadania. Dlatego włażą z buciorami do fabryki cegieł i do kwiaciarni, gdzie nieumyślnie tłuką wszystkie wazony i zatruwają kwiaty.

A wtedy burmistrz twojego miasta zrywa się z przerażeniem i usiłuje coś na to poradzić.

A ty wlewasz w siebie następną colę.

Następna armia żelaznych robotów. Maszerują przez miasto, kopią buciorami w wystawy sklepów, gdzieś przewraca się lampa, wybucha pożar.

Przyjeżdża na sygnale straż pożarna, ale kurczę, mają w beczkowozie tylko błotnisty szlam! Nie da się tym skutecznie ugasić pożaru. Poza tym cała ulica zamienia się w śmierdzący kanał!

Rozumiesz?
Twoje miasto potrzebuje wody.
Ale nie potrzebuje wody z chemicznymi dodatkami. Ponieważ chemiczne dodatki niszczą twoje miasto zamiast mu pomagać.

Czy to jest dla ciebie jasne?
Na pewno?
Czy rozumiesz jak to działa?

Miasto, czyli każda twoja komórka, potrzebuje wody. Do mycia, sprzątania, gaszenia pożarów, pucowania złotych klamek, do kąpieli i do picia.

Kiedy pod dostatkiem jest czystej, zdrowej wody, miasto może normalnie funkcjonować.
Kiedy wody jest za mało, zaczyna się brud i nieporządek. Z brudu i nieporządku biorą się pożary, skażenia i epidemie. Czyli choroby w twoim organizmie. Ból głowy, kłopoty ze spaniem i trawieniem to najbardziej powszechne objawy braku wody.

Braku *czystej, prawdziwej* wody.

Jeżeli wypijesz dwa litry zimnej coli, to dostarczysz do swojego organizmu kilka oddziałów robotów w żelaznych butach — czyli chemicznych, syntetycznie wyprodukowanych substancji takich jak cukier i inne słodziki, barwniki, sztuczne smaki i regulatory czegoś tam. A jednocześnie nie dostarczysz swoim komórkom tego, czego one najbardziej potrzebują — czystej wody do funkcjonowania!

Rozumiesz?

Twoje miasto nie będzie działało jeśli do miejskiego wodociągu wpuścisz chemicznie zatruty szlam.

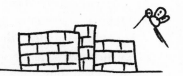

ROZDZIAŁ 16

Dom i altanka

Zdziwiona?

A może powiesz coś w rodzaju:

– No, ale przecież cola zero to jest zero kalorii. Jak mi to może zaszkodzić? Przecież ja tylko chcę schudnąć.

Jasne.

Jeżeli chcesz schudnąć, to w pierwszej kolejności musisz odbudować swoje miasto. Odbudować swoją wewnętrzną siłę. Czyli odbudować siłę swoich komórek.

Rozumiesz?

Wiesz skąd się bierze szczupłość, gibkość i zwinność?

Z tego, że twoje komórki są zdrowe i prawidłowo funkcjonują.

Wiesz dlaczego?

Dlatego że naturalnym stanem każdego organizmu jest zdrowie, siła, szczupłość, gibkość i zwinność.

Tak byłoby z każdym z nas, gdyby nie to, że w naszych miastach harcują dzikie hordy mechanicznych robotów w żelaznych buciorach.

Mam to powiedzieć jaśniej?

Każdy z nas byłby zdrowy, sprawny, szczupły i zwinny, gdyby nie to, że od lat karmi się nas jedzeniem z dziesiątkami chemicznych substancji. Te substancje zmieniają działanie komórek.

W jaki sposób to robią i skąd to wiem, wyjaśnię w książce o „Największych kłamstwach naszej cywilizacji". Na razie uwierz mi na słowo. Albo nie! Nie wierz mi na słowo. Sama poszukaj informacji. Znajdziesz ich tysiące.

Nie chcę teraz dokładnie zajmować się chemicznymi dodatkami, bo chcę wrócić do diety.

Na twoje pytanie o colę, która ma zero kalorii, odpowiadam:

– Zapomnij o kaloriach!

W skutecznej diecie w ogóle nie o to chodzi!
Jeśli chcesz zbudować porządny dom, to musisz używać porządnych cegieł. Takich, które mają swoją wagę i które udźwigną ciężar konstrukcji.

Rozumiesz?
Nie chodzi o to, żeby kupić tanią cegłę, która jest lekka. Zwróć uwagę na to jak się reklamują te lekkie cegły. Mówią ci, że lekko je udźwigniesz, że nic nie ważą i że mają fajny wygląd. Czy słyszałaś kiedykolwiek

w reklamie napoju light informację o tym, że jest pożywny? Odżywczy? Że jest pełnowartościowy?

Na pewno nie.

Słyszysz, że jest tani, kolorowy albo radosny.

To tak jakbyś chciał postawić dom z tanich, kolorowych cegieł, które fajnie wyglądają, mocno się reklamują, ale rozsypują się w proch kiedy próbujesz coś z nich zbudować.

Jeśli powiesz, że to jest tylko dodatek do głównego dania, czyli coś jak altanka w ogrodzie przy domu, to ja powiem, że w tej altance mieszkają karaluchy. Kiedyś wszyscy myśleli, że te karaluchy są bezpieczne i przyjazne, ale po latach okazało się, że wygryzają w twoim domu dziury, przez które do środka wpełzają różne obce pasożyty.

A mówiąc wprost – syntetyczne słodziki takie jak na przykład aspartam czy sorbitol, sztuczne aromaty, barwniki i inne chemiczne dodatki wywołują nowotwory i inne choroby.

Czy teraz rozumiesz co mam na myśli?

Unikanie kalorii nie doprowadzi cię do szczupłości ani zdrowia.

Wprost przeciwnie – nawet jeżeli odejmie ci kilogram albo dwa, dostarczy ci jednocześnie dolegliwości, osłabi twoje komórki, a w długiej perspektywie kilkudziesięciu lat – rozreguluje twój organizm, utuczy cię (przez chemiczne dodatki takie jak syrop glukozowo-fruktozowy) i zamieni twoje komórki w stan wiecznego kryzysu, który trzeba będzie co chwilę ratować.

Rozumiesz?

Kiedy twoje komórki są zdrowe, ty jesteś zdrowy.

Kiedy twoje komórki są osłabione, zaczynasz mieć dolegliwości.

Twoje komórki długo walczą i za wszelką cenę usiłują przywrócić stan szczęśliwej świetności – takiej w mieście, do którego przybył najpierw Juliusz Cezar.

Ale jeżeli odetniesz swojemu miastu dostęp do czystej wody, powietrza, mocnej gliny i zdrowego pożywienia, to powoli zacznie upadać. Urzędniczki wciąż będą przychodziły do biur, ale nie będą w stanie zrozumieć czym mają się właściwie zająć. Zmęczeni wartownicy będą wpuszczać wszystkich obcych, a straż pożarna nie będzie miała czym gasić pożarów. W fabryce cegieł będą kręciły się niepotrzebne maszyny aż w końcu silniki się zatrą i wszystko stanie.

Potrwa to kilka miesięcy aż w końcu miasto ogłosi upadek.

Powiem to inaczej:

Jeżeli odetniesz swoim komórkom dostęp do czystej wody, tlenu i pełnowartościowych, naturalnych składników odżywczych, to powoli zaczną upadać. Ich wewnętrzne struktury będą usiłowały działać, ale stracą moc. Strażnicy twojego organizmu, którzy czuwają, żeby do środka nie przedostawały się bakterie, wirusy i inne zagrożenia, będą zbyt zmęczeni i nieliczni, żeby sobie poradzić. Z braku solidnych składników odżywczych maszyny twoich komórek będą się kręcić coraz wolniej i wolniej, aż w końcu silnik się zatrze. Atak serca.

Słyszałeś kiedyś o leukocytach?

To są wojownicy, którzy na odpowiedni sygnał natychmiast przystępują do walki z bakteriami i wirusami. Jeśli oczywiście mają do tego siłę i jest ich odpowiednio dużo. Kiedy leukocytów jest mało i są słabe, ciągle łapiesz jakieś infekcje.

I nie pytaj teraz gorączkowo co powinieneś zrobić, żeby mieć więcej leukocytów, bo to wcale nie o to chodzi!!!!

Leukocyty to część twoich komórek.

Rozumiesz?

Wojownicy walczący o spokój i szczęście twoich miast są w 100% uzależnieni od tego, co się znajduje w tych miastach.

Zapytaj ludzi, którzy byli raz poważnie chorzy albo mieli atak serca.

Dopiero wtedy zaczynają o siebie dbać.

Czekają na moment aż ich wewnętrzne miasta ogłoszą upadek. I potem gorączkowo usiłują je odbudować.

A ty?

Chcesz schudnąć, bo najważniejsze jest dla ciebie to jak wygląda twoje ciało w lustrze?

Czy naprawdę nie interesuje cię to co dzieje się wewnątrz twojego ciała?

A czy wiesz, że twój zewnętrzny wygląd w 100% zależy od tego, co się dzieje w tobie w środku?

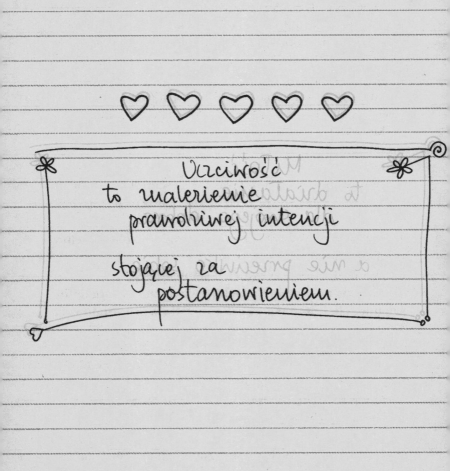

Uczciwość
to mazerienie
prawdziwej intencji

stojącej za
postanowieniem.

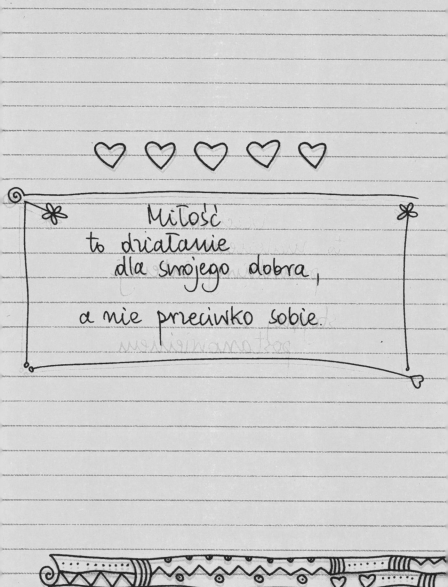

Miłość
to działanie
dla swojego dobra,

a nie przeciwko sobie.

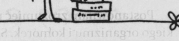

ROZDZIAŁ 17

Organelle w cytoplazmie

Pójdziemy o krok dalej.
Jesteś gotowa?

Czy wiesz co to jest białko?
Ha.

Powiem tak:
Są na świecie rzeczy, które wyglądają na okropnie skomplikowane. Tak bardzo, że wydają się być ufoludkami z obcej planety, które nie mówią żadnym znajomym językiem. Lądują, coś miauczą albo szczekają, a ty patrzysz i po prostu nic nie rozumiesz. Ani kim są, ani skąd się wzięli, ani tym bardziej czego chcą.

Tymczasem sprawa jest jasna jak słońce.
Ona tylko wydaje się skomplikowana, dlatego że ich język został specjalnie zaszyfrowany, żebyś za żadne skarby nie

mógł skapować o co chodzi. Na szczęście istnieje specjalna przystawka, która potrafi przetłumaczyć coś z obcego na polskie.

Ta przystawka nazywa się rozum. I ja lubię go używać.

Postanowiłam zrozumieć na czym polega działanie ludzkiego organizmu i komórek. Sięgnęłam do mądrych książek, wykładów, filmów, artykułów i zostałam zasypana masą szyfrów. Pomyślałam, że to jest chyba jakaś wyższa szkoła jazdy, więc może powinnam zacząć od podstaw? Znalazłam szkolne opracowania tego tematu. I chciało mi się krzyczeć! Ach, co ja mówię, „chciało mi się"! Ja krzyczałam w myślach!!! Krzyczałam ze złości, z frustracji i z niedowierzania, że cała wiedza jest zamknięta w martwych schematach.

To, co jest najbardziej pożyteczne, potrzebne i pożądane, jest podane w taki sposób, żebyś połamał sobie zęby. Tak jakby istniała cicha zmowa, że nie wolno ci o tym wiedzieć. Bo to jest tylko dla lepszych od ciebie. Tylko dla tych, którzy mówią:

– Niektóre organella komórek eukariotycznych biorą swój początek od endosymbiotycznych bakterii. Dotyczy to mitochondriów oraz plastydów. Istnieją sugestie, że wici komórek eukariotycznych są również elementem dawnej endosymbiozy.

O, w mordę.

Organella? To liczba mnoga od „organellum". Organellum to jest *każda oddzielona od cytozolu błoną komórkową struktura występująca w cytoplazmie komórki, wyspecjalizowana do pełnienia określonej funkcji*[1].

Nie, no jasne. Oczywiście. To jest po prostu struktura w cytoplazmie. Czy trzeba dodawać coś więcej?

Aaaaaaaaaaaaaaaaaaaaaaa!!!!!!!

Jaka struktura? Struktura czego? Co to jest właściwie „struktura"? Czy to jest jakaś ściana? Budowla? I w czym ona jest? W cyto-czym? W cytoplazmie komórki. Jezu. A co to jest cytoplazma? I dlaczego to wszystko tak się dziwnie nazywa? Czy rybosomy mają coś wspólnego z rybami? Czy białka mają coś wspólnego z jajkami? Uffff!!! Chyba chodzi o to, żeby zniechęcić potencjalnego czytelnika.

Ale nic.

Czy ja wspominałam, że jestem uparta?
Och, jestem tak bardzo uparta, że samą mnie to czasem zaskakuje!

Byłam uparta wbrew wszystkim, że chcę rzucić studia po dwóch miesiącach.
I rzuciłam, nie wiedząc co będzie dalej z moim życiem.

A potem byłam tak samo uparta, żeby zrozumieć to, czego nie rozumiem.

---

1) Cytat z Wikipedii.

Studia były dla mnie rozczarowującym schematem, gdzie wszyscy używali tych samych wyświechtanych pojęć. Nie byłam w stanie uczyć się ich bezmyślnie na pamięć. Dlatego musiałam odejść.

Ale nauka fascynowała mnie tym bardziej, im dalej byłam od szkół i uniwersytetów.

I wyobraź sobie, że kiedy pewnego dnia postanowiłam zrozumieć jak działa ludzka komórka, musiałam użyć całej mojej siły i całego uporu, żeby przeczytać i zrozumieć o co w tym chodzi.

I zrozumiałam.
Wiesz co to jest to tajemnicze organellum?

To jest wewnętrzny narząd komórki. Po prostu. Tak samo jak człowiek posiada narządy wewnętrzne, tak samo ma je komórka. I każdy jej wewnętrzny narząd zajmuje się tym, na czym najlepiej się zna.

Na przykład mitochondrium. To jest elektrownia, która produkuje prąd z tego, co zjesz. Rozumiesz?

Czy widziałaś kiedyś piec? Albo generator? Albo jakąkolwiek inną maszynę produkującą prąd? Każda z nich jest skonstruowana na tej samej zasadzie: dostarczasz do niej ściśle określony surowiec, a maszyna zamienia go na energię. Tak? Na przykład do silnika diesel możesz wlewać tylko paliwo diesel. Do silnika benzynowego możesz wlewać tylko benzynę. Do pieca na węgiel i drewno możesz wrzucać tylko węgiel i drewno.

Jeżeli do silnika diesel wlejesz benzynę, będzie kłopot. Tak czy nie?

Jeżeli do pieca na węgiel wrzucisz plastik, będzie dym, ale nie będzie ognia. Tak?

I dokładnie tak samo jest w twojej komórce.

Mitochondrium to elektrownia, która w każdej komórce produkuje twoją życiową energię. Żeby mogła wyprodukować porządną moc, musi dostać równie porządne i pełnowartościowe paliwo.

Czy rozumiesz co to oznacza?

To znaczy, że musi dostać pełen zestaw składników odżywczych. Czy pamiętasz czego potrzebuje każda komórka? Pisałam o tym wcześniej.

Pewnie zapomniałaś.

To przypomnę:

Każda komórka potrzebuje do życia tłuszczów, białek, cukrów, wody i tlenu.

Spokojnie.

Wcale nie chodzi o białko z jajek ani z mięsa. I wcale nie chodzi o tłuszcz o formie tkanki tłuszczowej. Za chwilę to wyjaśnię. Teraz wracam do mitochondrium.

Fantastyczne elektrownie we wnętrzu twoich komórek czekają na opał, żeby utrzymywać się przy życiu.

Kiedy dostają odpowiednie paliwo, produkują energię dla wszystkich innych narządów we wnętrzu twojej komórki.

A one zajmują się wszystkimi sprawami, które są niezbędne dla twojego życia: oddychaniem, biciem serca, ruchem mięśni, myśleniem, trawieniem, rośnięciem, usuwaniem niebezpieczeństw, naprawianiem twojej skóry kiedy się skaleczysz, nawilżaniem chrząstek w twoich kolanach, patrzeniem, słyszeniem, czuciem w twoich palcach kiedy czegoś dotykasz. Zajmują się po prostu *wszystkim*.

Rozumiesz?

To co robisz ze swoim ciałem w absolutnie bezpośredni sposób przekłada się na to jak twoje ciało wygląda, jak się czuje i ile ma siły.
To, czym karmisz swoje ciało, w absolutnie bezpośredni sposób przekłada się na twoją siłę, zdrowie, samopoczucie i wygląd.

Uwaga.

Natura zaprojektowała twoje ciało. I zrobiła to w taki sposób, żebyś miał wszystko, czego potrzebujesz. Bo jednocześnie stworzyła wszystko, co jest ci potrzebne do życia.

Jeszcze raz zapytam: czy pamiętasz co jest niezbędne każdej komórce twojego ciała?
Czy możesz to teraz powiedzieć na głos?
A dopiero potem odwróć stronę.

Natura tak zaprojektowała życie na Ziemi, obok każdego organizmu stworzyła też to, czym ten organizm będzie się odżywiał.

To dotyczy wszystkich żywych istot na świecie. Ludzi też.

Każda twoja komórka potrzebuje tłuszczów, białek, cukrów, wody i tlenu. Oraz witamin i soli mineralnych.

Narządy wewnętrzne komórki potrzebują ich do zrealizowania wszystkich swoich zadań. To tak samo jak w mieście, do którego przybył Juliusz Cezar.

Kiedy wszyscy mieli siłę i narzędzia do wykonywania swojej pracy, miasto kwitło, a ludzie byli zadowoleni.

Kiedy twoje komórki mają siłę i składniki odżywcze, żeby wykonywać swoją pracę, twój organizm jest zdrowy, a ty masz świetne samopoczucie.

Kiedy w mieście zabrakło dobrej jakości gliny i innych towarów, wszystko zaczęło powoli popadać w ruinę. Miasto niby wciąż istniało, ale co chwilę trzeba było walczyć z przestępcami i ratować otumanionych urzędników.

Kiedy twoim komórkom brakuje składników odżywczych, twój organizm pomału zaczyna słabnąć i chorować. Wszystko dzieje się stopniowo. Gorzej się czujesz fizycznie, gorzej psychicznie, zawalasz różne sprawy, wydaje ci się, że nie masz siły, żeby sobie poradzić z życiem.

Wiesz dlaczego tak jest?
Bo twoje miasto popada w ruinę.

Czy wiesz co się dzieje kiedy przechodzisz na dietę beztłuszczową?

A czy wiesz co się dzieje kiedy przechodzisz na dietę niskokaloryczną?

A czy wiesz co się dzieje kiedy przechodzisz na dietę białkową?

Rozumiesz co mam na myśli?

Każda komórka twojego organizmu potrzebuje w każdej minucie twojego życia wszystkich koniecznych składników odżywczych. Bo karmią się nimi wewnętrzne narządy komórki – te, które naukowcy nazywają organellami. Jeżeli zabraknie któregoś z nich, twój organizm zaczyna tracić równowagę. Rozumiesz? Wtedy właśnie zaczynasz chorować.

ROZDZIAŁ 18

Pigułki z reklamy

Wyobraź sobie jeszcze raz swoje fantastyczne miasto.

Może nie jest najpiękniejsze na świecie i może nie jest takich rozmiarów, jakbyś chciała, ale jest twoje. I jest jedynym miastem, jakie będziesz miała na własność do końca życia.

Pewnego dnia przychodzi gość w kapturze i mówi:

– Czy chcesz przejąć pełną kontrolę nad swoim miastem? Mam dla ciebie cudowny lek.

– Och, naprawdę? – cieszysz się.

– Tak – mówi gość. – Tylko 5.99.

– Tak tanio? – dziwisz się.

– Tak – odpowiada gość i jeszcze mocniej naciąga kaptur na czoło. – I jeszcze dam ci rabat.

– A co to za lek?

– Cudowny. Ogranicza wchłanianie tłuszczów. Raz-dwa, odzyskasz wymarzoną sylwetkę.

Podaje ci kartonik, na którym jest narysowana smukła modelka.

– Tak chcesz wyglądać? – pyta gość w kapturze.

– Tak! – odpowiadasz.

No, zresztą, kto by nie chciał wyglądać jak modelka?

Z nagle rozbudzonym dzikim pragnieniem patrzysz na opakowanie. Ach, zawsze o tym marzyłaś! Szybko, łatwo, bez wysiłku! Po prostu zażyć tabletkę i wyglądać jak modelka! Zrzucić ten tłuszcz!

Tak myślałaś?

Wiem. Ja też kiedyś byłabym w stanie w to uwierzyć. Ktoś przychodzi i po prostu czyta w twoich myślach.

Pamiętam jak pragnęłam mieć biały kostium kąpielowy ze złotym szlaczkiem – taki sam jaki miała na sobie szczupła, piękna, roześmiana modelka sfotografowana w słońcu nad brzegiem morza.

Ale w rzeczywistości wcale nie chodziło o ten kostium. Ja podświadomie razem z tym kostiumem chciałam kupić jej ciało, jej uśmiech i to miejsce na plaży.

Rozumiesz?

Wszystkie reklamy leków są właśnie w taki sposób zaprojektowane. Podsuwają ci obraz twoich marzeń, a jednocześnie kłamią, że zdobędziesz go jeśli łykniesz taką czy inną tabletkę.

Na zachętę dodają, że to jest cudownie łatwe, szybkie i w ogóle nie musisz się wysilać. I jeszcze obniżą dla ciebie cenę.

Jeżeli chcesz schudnąć,
to w pierwszej kolejności

musisz odbudować
swoją wewnętrzną siłę.

Czyli odbudować
siłę swoich komórek

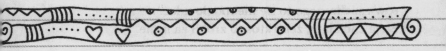

Reklamy środków odchudzających bazują na twojej tęsknocie, niepewności, braku poczucia wartości i wykorzystują to bezlitośnie.

Mam dwa pytania:
Czy można żyć za kogoś?
Czy można za kogoś zrobić coś ważnego?

Nie można.

Ty wiesz, że nie można, a jednak kiedy przychodzi gość z kapturem na oczach, ty *chcesz* mu wierzyć, że jakiś suplement diety odchudzi ciebie za ciebie.

I nawet jeśli racjonalnie wiesz, że to jest niemożliwe, to nosisz w sobie skrywane pragnienie, żeby ktoś wziął cię w ramiona i wreszcie się tobą zaopiekował. Prawda? I kiedy słyszysz albo widzisz reklamę, która mówi, że suplement diety jest cudownym rozwiązaniem wszystkich twoich kłopotów, ty po prostu *chcesz* w to wierzyć.

Prawda?

Wiem, bo ja też kiedyś tak się czułam.

I próbowałam różnych wynalazków dietetycznych, odchudzających, wyszczuplających.

Jedyne, do czego mnie doprowadziły, to rozczarowanie. I rosnące poczucie krzywdy, że innym coś się udaje, a mnie nigdy nic udać się nie może!

A wiesz dlaczego to się nie mogło udać?
Bo ja chciałam, żeby ktoś to zrobił za mnie.

Podświadomie oczekiwałam, że jeśli łyknę to, co reklamują, to moje ciało w magiczny sposób samo się zmieni i przybierze taki kształt, jaki ma modelka z reklamy.

To brzmi idiotycznie głupio, prawda?

Brzmi głupio wtedy, kiedy jest napisane czarno na białym albo gdyby ktoś powiedział na głos:
— Będę miała ciało modelki kiedy połknę całe opakowanie tabletek.

Z racjonalnego punktu widzenia to jest bezsensowne. Ale reklama nie jest skierowana do logicznej części twojego umysłu. Reklama ma poruszyć twoją podświadomość i wyświetlić ci film z happy endem, w którym ty jesteś główną bohaterką. Ma cię oszukać.

Tak. To jest legalne.

To jest jeden z elementów komercyjnego handlu. Firmy zakłada się po to, żeby zarabiać pieniądze. Nie po to, żeby dostarczyć ci czegoś, co jest wartościowe i uczciwe. Chodzi przede wszystkim o to, żeby sprzedać i zarobić.

Niektórzy oczywiście sprzedają także rzeczy wartościowe i uczciwe.

Ale wiele firm w ogóle nie dba o etyczną stronę swojego biznesu. Trzeba zarobić pieniądze – to jest główny motyw ich działania.

A teraz jedno krótkie logiczne pytanie:

Pewnego dnia do miasta Juliusza Cezara przybył gość – w kapturze, oczywiście – który oferował robotnikom na budowie cudowny środek. To był płyn, którego wystarczyło dodać do gliny, żeby była lżejsza i mniej lepka.

Jak myślisz, co się stało z cegłami?

Odpowiadam:

W ogóle nie dało się ich porządnie ulepić! Kruszyły się na krawędziach, osiadały pod własnym ciężarem, a dom zbudowany z takich cegieł był wprawdzie odrobinę lżejszy, ale chwiał się, a ściany same z niego odpadały.

Drugie logiczne pytanie:

Jak myślisz, co się stanie w twoich komórkach jeżeli zaczniesz łykać pigułki zmniejszające wchłanianie tłuszczów?

Wtedy nawet jeżeli zjesz zdrowe, pełnowartościowe rzeczy, twoje komórki zostaną sterroryzowane przez roboty w żelaznych buciorach (czyli syntetyczne związki sztucznie wyprodukowane w laboratorium), które zabronią im korzystania z tego, co jest im potrzebne do pracy!

Twoje komórki przestaną poprawnie funkcjonować. Zabraknie jednego ze składników niezbędnie potrzebnego do zasilenia wszystkich wewnętrznych narządów w komórce. Czy wiesz co się stanie potem?

Twoje osłabione komórki będą pracować na zmniejszonych obrotach. Także te, które zajmują się trawieniem tego, co zjesz. Kiedy przemiana materii jest trudniejsza, wolniejsza i bardziej oporna, co się dzieje z twoim organizmem?

Proste?
Tak jest!
Wtedy właśnie zaczynasz tyć!

Rozumiesz?
Żadna pigułka nie schudnie za ciebie.
I zresztą tak naprawdę wcale nie o to chodzi.

ROZDZIAŁ 19

Prawda przez duże P

Jest właściwie tylko jedna rzecz, w którą wierzę. Taka, która jest niezmienna i co do której nie mam nigdy najmniejszego cienia wątpliwości.

Tym czymś jest Prawda.

Prawda przez duże „P", która składa się z Uczciwości i Miłości.

Miłości rozumianej jako życzliwość, pozytywne nastawienie i przyjaźń.
Uczciwości we wszystkich jej wymiarach, co oznacza także tę najcichszą i najtrudniejszą uczciwość wobec samego siebie.

To właśnie ta uczciwość pozwoliła mi się kiedyś przyznać przed samą sobą, że kiedy sięgam po proszek albo tabletkę na odchudzanie, tak naprawdę moim ukrytym celem jest oszukanie samej siebie.

Oczywiście nie mam na myśli tego, co myślałam albo mówiłam z racjonalnego punktu widzenia. Gdyby mnie ktoś zapytał dlaczego łykam tabletki na odchudzanie, powiedziałabym pewnie coś w rodzaju:

— Mają sprawdzone działanie. Widziałam nawet opinię farmaceuty.

Choć w rzeczywistości natychmiast zobaczyłabym w wyobraźni obraz tej fantastycznie smukłej i szczupłej modelki, która ma w talii coraz ciaśniej zawiązany centymetr. Ja też chciałam taka być!!!

Albo powiedziałabym obronnym tonem:
— Ale ja nie tylko zażywam tabletki! One mają jedynie wspomóc inne moje działania.

Ha, ha, ha!!! „Inne moje działania"! Czyli zryw, żeby czasem z poczucia winy pójść do siłowni („bo jakoś ciągle brakuje mi czasu") albo odmówić sobie śniadania (bo mam wyrzuty sumienia, że za dużo zjadłam wczoraj na kolację).

Znasz to?
Wiesz co to właściwie oznacza?

To znaczy, że nie byłam w stanie wziąć odpowiedzialności za swoje życie. Tylko udawałam, że panuję nad wszystkim, ale w rzeczywistości tkwiłam w samym środku chaosu i zawirowanej karuzeli, która kręciła się tak szybko, że sama nie potrafiłam za nią nadążyć.

Ale jednocześnie upierałam się, że wszystko mam pod kontrolą.

Bo tak działa podświadomość. Nie pozwala się przyznać do bałaganu – do chwili kiedy ten bałagan stanie się tak ogromny, szalony i cuchnący, że nie będziesz mogła dłużej udawać.

Wtedy twoja podświadomość wybucha z szalonymi wyrzutami, że tobie nic się nie udaje, że jesteś do niczego, że nawet głupiej diety nie umiesz doprowadzić do końca.

Wiesz dlaczego tak jest?
Bo zabrakło ci uczciwości.

Wiem, czujesz oburzenie albo lęk. Jak to, przecież ty jesteś uczciwa! Nigdy nawet nie ukradłaś ołówka z biura! Rozliczasz podatki, starasz się mówić prawdę, a ja tu nagle wyjeżdżam z takim oburzającym oskarżeniem?!

Jesteś uczciwa. Głęboko w to wierzę.

Myślę tylko, że twoja podświadomość nie jest uczciwa. I dlatego właśnie wpadasz w różne czarne życiowe dziury.

Twoja podświadomość wie tylko to, czego sama się nauczyła na podstawie obserwacji. Jest bystra, inteligentna, niesłychanie sprawna i logiczna. Jedyne, czego jej brakuje, to obiektywna mądrość. Rozumiesz co mam na myśli?

Twoja podświadomość nie wie co to jest kłamstwo i nie wie czy jest dobre, czy złe.

Na pewno jednak wie czy z jej subiektywnego punktu widzenia dane kłamstwo jest dla ciebie **dobre, czy nie. Rozumiesz?**

Podświadomość uzna, że kłamstwo jest dobre jeżeli widzi w tym możliwość zapewnienia ci tego, co z jej punktu widzenia jest ci potrzebne. Na przykład poczucie bezpieczeństwa. Z tej perspektywy twoja podświadomość będzie przekonana o tym, że kłamstwo jest dobre i potrzebne. I po prostu będzie cię do tego zmuszała.

Tak, tak, będzie cię *zmuszała*. To ona decyduje o tym co robisz, w kim się zakochasz, co myślisz i jak się czujesz. To ona podpowiada ci czy jesteś ładna, czy nie. I to ona czasem zmusza cię do kompulsywnego obżerania się i równie przymusowego odchudzania.

Twoja podświadomość manipuluje tobą jak chce, a jeżeli nosi w sobie fałszywe zapisy, to popycha cię na drogę różnych nieuczciwości i iluzji, jakie tworzysz na swój temat i w które głęboko wierzysz.

Nie ma w tym nic złego.
Nie czuj się winna.
Tak po prostu jest – dopóki nie zaprowadzisz w swojej podświadomości nowego ładu i przepiszesz fałszywe kody na nowe, prawidłowe, czyli takie, które prowadzą cię do Prawdy.

Wiesz co to oznacza w kontekście diety, odchudzania się i dążenia do uzyskania fantastycznej sylwetki?

Dwie bardzo ważne rzeczy.

Uczciwość to znalezienie prawdziwej intencji stojącej za postanowieniem.
Miłość to działanie dla swojego dobra, a nie przeciwko sobie.

Kiedy połączysz te dwie rzeczy, znajdziesz Prawdę.

ROZDZIAŁ 20

Straszne i fascynujące

Uczciwość to absolutnie fantastyczna rzecz. Jest trudna, czasami zmusza do sięgnięcia bardzo głęboko we własną duszę, ale moim zdaniem tylko uczciwość daje wolność.

A wolność sprawia, że wszystko staje się możliwe.
I z dietą jest tak samo.

Dawno temu nie lubiłam siebie i byłam swoim wrogiem. Wtedy zupełnie nie zdawałam sobie sprawy z tego, że wszystko i wszystkich traktuję jak narzędzie do uzyskania celu. Siebie samą też.

Nigdy nie przyszło mi wtedy do głowy spojrzeć na siebie z sympatią. Tak jak patrzy się na drugiego człowieka. Właściwie zastanawiam się czy naprawdę byłam wtedy w stanie patrzeć na kogoś z czystą, całkowicie bezinteresowną życzliwością.

Trudno powiedzieć.

Wtedy bałam się zajrzeć do mojej podświadomości i przyznać przed samą sobą, że jest we mnie coś, co uważam za niedobre. Wolałam udawać, że to nie istnieje. Po prostu omijałam ten temat przed samą sobą tak szerokim łukiem, jak to tylko możliwe. Wolałam to ukryć pod innymi myślami. Przysypać jak najbardziej neutralnym piaskiem codziennych zdarzeń.

Ale nawet mimo tego, że bardzo się starałam nie widzieć niektórych swoich myśli, one były we mnie. I czasem wypływały z mojej podświadomości do całkiem jawnych warstw mojego umysłu. I wtedy było mi wstyd.

Wstydziłam się przed samą sobą, że myślę coś, czego nie chcę myśleć.
Wstydziłam się, że robię coś, czego nie chcę robić.

To było niesamowite!
Straszne i fascynujące jednocześnie!

Straszne, że jest we mnie osoba, której właściwie nie znam i która kieruje czasem moim zachowaniem, emocjami, tym jak reaguję i co mówię.
Fascynujące skąd się ta osoba we mnie wzięła i jak to możliwe, że ma nade mną taką władzę.

Przykład? Proszę bardzo.
Kiedy spotykałam kogoś, kto był „ważny", starałam się być bardzo miła. Nie tak normalnie miła, ale wyjątkowo

miła, uśmiechająca się i mówiąca sympatyczne rzeczy, niezależnie od tego co naprawdę myślałam. Byłam miła po to,
żeby się przypodobać, bo wiedziałam, że ten ważny ktoś
może mi coś załatwić, umożliwić albo ułatwić.

I teraz uwaga:
To nie było świadome! Nigdy w życiu nie postanowiłam,
że będę kłamliwie kogoś chwalić tylko po to, żeby mu się
przypodobać!!!

Gdyby mnie ktoś wtedy zapytał:
– Czy kłamiesz, żeby się komuś przypodobać?
Zmarszczyłabym brwi i odpowiedziałabym ze świętym
oburzeniem:
– Skąd! Ja tego nie robię!

A jednak to robiłam.
Rozumiesz?

**To, co myślisz, w co świadomie wierzysz, jest
czymś zupełnie innym od tego co myśli i chce twoja
podświadomość.**

I dopóki rozmawiamy sobie teoretycznie o tym kto jaki
jest, w co wierzy i jak by się zachował, to wszystkie twoje
deklaracje są uczciwe i prawdziwe W TEORII.
Rozumiesz?
To co mówisz, to jest to, w co chcesz wierzyć.
To co robisz, to jest to, w co wierzysz naprawdę.

Rozumiesz?

Twój
zewnętrzny wygląd

w 100%
zależy od tego,

co dzieje się w tobie
w środku:

w twojej duszy
i
w twoich komórkach

Najłatwiejszy przykład to kobieta, która mówi, że gdyby mąż ją zdradził, to nie chciałaby z nim dłużej być i natychmiast wniosłaby o rozwód. Ona w teorii jest o tym głęboko przekonana. I mówi to całkowicie uczciwie, bez cienia wątpliwości.

Ale kiedy przychodzi co do czego i kiedy naprawdę zostanie zdradzona, czuje się tak żałośnie bezradna i oszukana, że w rzeczywistości jedyne, o czym marzy, to to, żeby mąż ją przytulił, zaopiekował się nią i powiedział, że nigdy więcej tego nie zrobi.

Rozumiesz?

Widziałaś film „Jestem bogiem"? Tam jest taka właśnie scena. Magik znika na wiele dni, nie odzywa się do nikogo. Jego dziewczyna szaleje z niepokoju, płacze, bo nie wie co się dzieje, potem jest wściekła i najchętniej zatrzasnęłaby mu drzwi przed nosem.

– Nie masz już po co wracać! – myśli ze złością. – Nie pozwolę się tak traktować! Jak możesz tak znikać bez słowa!

Pewnej nocy Magik stuka do jej okna. Ona budzi się, niechętnie wstaje i otwiera okno. Magik wchodzi do pokoju i zaczyna ją tulić, a ona płacze i mówi:

– Nienawidzę cię, nienawidzę cię – a po chwili zaczyna się z nim całować. I budzą się rano w jej łóżku.

Rozumiesz?

W teorii – racjonalnie i świadomie – ona była w stanie zobaczyć prawdę o swoim związku. Rozumiała, że chłopak jej nie szanuje. Czuła się skrzywdzona, zraniona, oszukana, opuszczona. To wszystko sprawiało, że była gotowa zerwać z nim i uwolnić się od tych bolesnych emocji.

Ale kiedy tylko doszło co do czego, czyli kiedy on realnie stanął przed nią i wziął ją w ramiona, nagle te wszystkie świadome i teoretyczne przekonania prysły jak najlżejsza i najmniej istotna na świecie bańka mydlana.

Wszystko to, o czym ta dziewczyna była wcześniej przekonana, nagle okazało się kompletnie nieistotne.

Jedyne, co się liczyło to to, że ona czuje ciepło jego ciała i przez chwilę ma pozór poczucie bezpieczeństwa. Bo jej podświadomość natychmiast podsuwa wniosek:
– On ciebie całuje, on cię przytula, on cię rozbiera, to znaczy, że ciebie kocha!!!!

Ale błagam. Czy to, że chłopak całuje dziewczynę znaczy, że ją kocha? Może tak być, ale przecież wcale nie musi.
Chodzi tylko o to, że podświadomość tej dziewczyny tak to odbiera i w to wierzy.

Z punktu widzenia podświadomości to było najważniejsze. To wcale nie znaczy, że to było prawdziwe. Bo czy gość, który nie szanuje swojej dziewczyny, może ją kochać? Moim zdaniem nie. I wtedy też wcale nie chodziło o to, że on ją naprawdę kocha, bo przecież nie dał żadnego dowodu na to, że tak jest. Chodziło tylko o to, żeby uzyskać *pozór* poczucia bycia kochaną. Akceptowaną, potrzebną.

Rozumiesz?

W taki sposób to co myślisz i to co w rzeczywistości robisz może być dwiema różnymi rzeczami.

Bo w pierwszym przypadku używasz swojego racjonalnego umysłu.

A w drugim przypadku robisz to, co każe ci twoja podświadomość.

Czy wiesz już na czym polega uczciwość?

Uczciwość polega na tym, żeby to co myślisz i to co robisz było tym samym.

Uczciwość polega na tym, żeby zgodzić się wobec samego siebie na zobaczenie emocji ukrytych w podświadomości. Nie ignorować ich, nie udawać, że ich tam nie ma, bo ci nie pasują.

Mieć odwagę spojrzeć na swoje własne myśli i nazwać je po imieniu.

A potem w taki sposób zmienić swoje podświadome zapisy, żeby twoja racjonalna część umysłu była spójna z tym, co nosi w sobie twoja podświadomość. Chodzi o to, żeby wzajemnie się wspierały. Żeby twoje instynktowne myślenie, odczuwanie i postępowanie było dokładnie tym samym, co zrobiłabyś po namyśle.

Rozumiesz?

To właśnie stąd bierze się poczucie szczęścia.
I dopiero wtedy jesteś gotowa przejść na skuteczną dietę.

ROZDZIAŁ 21

Przegrywałam, ponieważ

Czy wiesz dlaczego o tym piszę oraz co wspólnego uczciwość ma z dietą?

To bardzo proste.

Prawdziwy powód twojego odchudzania jest warunkiem jego powodzenia.

Powiem to inaczej:

To *dlaczego* się odchudzasz ma bezpośredni związek z tym, czy ci się to uda.

Wiesz dlaczego?

Bo każde kłamstwo ma krótkie nogi. Kłamstwo działa przez chwilę, a potem pada na pysk i rozpada się w proch, a ty zaczynasz jęczeć, że przecież miałaś taką wielką nadzieję, że tym razem wreszcie ci się uda, że jesteś beznadziejna, że znowu przegrywasz i jesteś do niczego.

Ale halo?

Jeżeli coś rozpada się, znika, ucieka od ciebie, to znaczy, że nosiło w sobie fałsz. Ten fałsz został najprawdopodobniej wyprodukowany przez twoją podświadomość. Wiesz skąd to wiem? Z mojego życia.

Ze sto razy przechodziłam na różne diety. Bardziej lub mniej mądre. I nigdy nie udało mi się uzyskać takiego rezultatu, z jakiego byłabym zadowolona. Wiesz dlaczego? Z dwóch powodów. Oczywiście wtedy nie zdawałam sobie z nich sprawy. Dopiero dzisiaj, kiedy spojrzę wstecz i odtworzę uczucia, jakie we mnie wtedy się kotłowały, jestem w stanie to przyznać i zrozumieć.

Przegrywałam, ponieważ:

Robiłam to wbrew sobie, z nienawiścią do siebie, z niechęcią do swojego wyglądu. Zmuszałam siebie, żeby w końcu coś ze sobą zrobić. A dieta była w rzeczywistości karą, jaką wymierzałam sobie za to, że jestem taka głupia i tłusta.

Robiłam to, żeby podobać się innym ludziom. Wyobrażałam sobie, że kiedy wreszcie będę szczupła, ludzie będą patrzyli na mnie z podziwem – takim samym, z jakim ja patrzę na modelki w kostiumach kąpielowych. Chciałam być szczupła, bo podświadomie zakładałam, że wtedy będę lubiana, podziwiana i szanowana.

Czy widzisz ten fałsz? To była przecież czysta manipulacja! Nie robiłam tego oczywiście celowo. Nigdy w życiu wtedy nie nazwałabym tego manipulacją! Myślałam o sobie, że jestem czysta jak łza!

Ale tak naprawdę odchudzałam się po to, żeby przypodobać się innym ludziom. To miało być narzędzie do zdobycia ich sympatii i akceptacji.

Czy teraz widzisz ten fałsz?

Teoretycznie byłam uczciwa. Nikt nie mógłby mi zarzucić nieuczciwości.

Bo co nieuczciwego może być w przechodzeniu na dietę? Nic, prawda?

Zgadzam się.

Nic z punktu widzenia innych ludzi.

Ale z mojego własnego punktu widzenia?...

Moją prawdziwą intencją było doprowadzenie do tego, żeby ludzie mnie lubili, szanowali i podziwiali.

I gdybym się racjonalnie nad tym zastanowiła, to musiałabym przyznać, że to raczej nie ma sensu. Bo przecież nie istnieje bezpośrednie przełożenie z bycia szczupłą na bycie lubianą, prawda?

Ale w mojej głowie, głęboko w mojej podświadomości takie połączenie istniało. I to ono właśnie kazało mi się odchudzać.

Czy teraz rozumiesz?

Byłam nieuczciwa wobec samej siebie, choć jednocześnie byłam teoretycznie uczciwa.

I o to właśnie chodzi.

Żeby być uczciwym na wszystkich poziomach swojej duszy.

Wiesz dlaczego?

Bo tylko wtedy jesteś w stanie zrealizować każdy plan, jaki sobie zamierzysz.

Powtórzę: KAŻDY PLAN.

Naprawdę.

To właśnie wtedy wszystko staje się możliwe. Dlatego że kiedy jesteś w pełni uczciwa, stajesz się częścią Prawdy. A tak jak napisałam wcześniej w książce „Jestem bogiem podświadomości", Bóg jest po prostu prawdą i miłością. To znaczy, że kiedy ty posiądziesz moc posługiwania się na co dzień Prawdą i Miłością, będziesz miała wielką moc.

ROZDZIAŁ 22

O jak Odwaga

Najtrudniejszą częścią jest zdobycie się na odwagę, żeby głośno wypowiedzieć swoje skrywane myśli. Wypowiedzieć je do samego siebie. Nazwać je po imieniu. Zrozumieć co naprawdę oznaczają.

Trzeba to zrobić z szacunkiem i sympatią do samego siebie.

Jeżeli znajdziesz w sobie nieuczciwe myśli, to wcale nie znaczy, że musisz siebie za to karać.
Wprost przeciwnie.

Zaakceptuj wszystko, co jest w tobie.

Tak, zaakceptuj też to, czego w sobie nie znosisz, co jest złe albo brzydkie. Bo nawet jeżeli to jest nieuczciwe albo ohydne, to jest częścią ciebie. Dostałaś to w jakimś celu.

Nie musisz go rozumieć. Twoim zadaniem tu na Ziemi jest odnalezienie siebie w miejscu, gdzie jesteś.

Nie chodzi o to, żeby wiecznie od siebie uciekać. Tak długo jak uciekasz z nienawiścią od swoich myśli, uczuć, grubych nóg albo tłustych bioder, to kręcisz się w kółko.

Bo nienawiść niczego nie jest w stanie zbudować ani zmienić. Nienawiść to destrukcyjne uczucie, które pożera twoją energię i zmusza cię do szalonego wysiłku, z którego nie powstaje żaden pozytywny trwały efekt.

Zresztą przypomnij sobie. Kiedy ostatnio zrobiłaś coś z nienawiści?

Tak, tak, wiem, kręcisz głową i mówisz:
– Ja? Z nienawiści? Nie, no, ja naprawdę nie kieruję się nienawiścią w życiu. Jeżeli coś robię, to dlatego, że naprawdę chcę to zrobić.

Wiesz dlaczego tak odpowiadasz?

Bo twoja podświadomość usiłuje ukryć przed tobą prawdę. Bo prawda jest niewygodna, nieprzyjemna i obnaża przed tobą coś, o czym wolałabyś nie wiedzieć.

To zapytam inaczej:
Co sobie myślałaś kiedy ostatnio przechodziłaś na dietę? Ale halo, nie pytam teraz o to co mówiłaś. Pytam o to jakie myśli pojawiały się w twojej głowie. Czy myślałaś coś w rodzaju:

— Muszę się wreszcie za siebie wziąć! Wyglądam jak stara baba! Nie mogę na siebie patrzeć! To ohyda! Jezu, jak mogłam do tego doprowadzić! Jak to możliwe?! Panika! Muszę natychmiast coś z tym zrobić! Dieta! Żelazna dieta! Zmuszę siebie do tego, żeby wyglądać tak, jakbym chciała!!!

Każde powyższe zdanie to wyraz nienawiści do samego siebie. Widzisz to? Nie znosisz swojego wyglądu. Nie znosisz siebie za to, że tak wyglądasz. Nie możesz znieść myśli o tym, że to właśnie jesteś ty. Odrzucasz siebie. Nienawidzisz siebie. Chcesz zmusić się do zmiany. Chcesz rozprawić się ze swoim ciałem, które nie słucha twoich pragnień, tylko w znienawidzony sposób tyje. Czujesz się bezradna, przestraszona, wściekła, zrozpaczona. Nagle czujesz przypływ siły i postanawiasz chwycić się w żelazne łapy twardej decyzji. Nienawidzisz tego, co twoje ciało robi. Chcesz zmusić je do posłuszeństwa. Chcesz zmienić je tak, żeby bardziej pasowało do twoich oczekiwań. Nie akceptujesz go. Nie lubisz go. Chcesz, żeby było inne.

To jest nienawiść. Niechęć do samego siebie. To najbardziej wyczerpująca emocja, jaką można sobie wyobrazić. Wysysa z ciebie energię jak gigantyczny głodny komar krew ze słonia.

Masz wrażenie, że coś się dzieje. Coś robisz. Postanawiasz. Szarpiesz się. Walczysz. Ze sobą, ze swoim ciałem, ze swoim lenistwem, ze swoją słabą wolą. Walczysz z węglowodanami, z tłuszczem. Walczysz ze spojrzeniami ludzi i swoim wyobrażeniem na temat tego, co o tobie myślą.

– Jezu!!!! – myślisz sobie. – Życie jest takie cholernie trudne!!! Skomplikowane!!!! Do dupy!!!!!

I nawet przez myśl ci nie przejdzie, że to nie życie jest skomplikowane, tylko twój sposób myślenia i działania.
Bo kiedy robisz coś kierując się nienawiścią, to strasznie się zmęczysz, a efekty będą mierne.

Wiesz dlaczego?

Tak jest.

Bo nienawiść wyczerpuje. Zabiera twoją energię i nie daje nic w zamian. No, czasem da ci krótkie poczucie satysfakcji, ale nawet ono zostanie za chwilę zgaszone.

Nie wierzysz?

To przypomnij sobie inne przypadki kiedy chciałaś coś zrobić tylko po to, żeby komuś coś udowodnić. Dogryźć. Kogoś prześcignąć. Pokazać, że jesteś lepsza. Kiedy podświadomie i cichutko w myślach chciałaś kogoś upokorzyć, dotknąć do żywego, ukarać za coś.

Bywało, prawda?

No, błagam, nie ma się czego wstydzić. To się zdarza wszystkim. Naprawdę. Jedyne, czym ludzie różnią się między sobą to to, że jedni mają odwagę się do tego przed sobą przyznać, a inni będą do końca szli w zaparte i udawali, że to nie istnieje.

Uczciwość wymaga odwagi.

Ale przynosi też najbardziej fantastyczne rezultaty. Większe i piękniejsze niż mógłbyś się kiedykolwiek spodziewać.

Czy teraz rozumiesz?

Czy potrafisz sobie uczciwie odpowiedzieć na pytanie DLACZEGO chcesz się odchudzać?

ROZDZIAŁ 23

Języki i diety

Widzę twoje coraz bardziej podejrzliwe spojrzenie i wątpliwość, jaka być może rośnie w tobie z każdym przeczytanym zdaniem.

– Czy ona przypadkiem nie próbuje mnie zmusić do tego, żebym w ogóle się nie odchudzała, bo chce mi wmówić, że jestem piękna taka jaka jestem?

Tak pomyślałaś?

Gdybym miała taki zamiar, to byłoby chyba nieuczciwe z mojej strony, bo przecież w tytule książki jest „dieta". A poza tym wydaje mi się, że wiem w jaki sposób myślisz o sobie, bo ja kiedyś też tak myślałam. Byłabym wściekła gdyby ktoś skłamał na okładce, że proponuje mi superdietę, a w rzeczywistości napisał książkę o tym, że żadna dieta nie jest mi potrzebna.

– Ty mnie nie znasz!!! – pomyślałabym. – Może tobie żadna dieta nie jest potrzebna, ale ja na pewno jej potrzebuję! Przecież widzę siebie w lustrze!

Czułabym się oszukana, rzuciłabym taką książkę w kąt i przeszłabym natychmiast na najbardziej rygorystyczną dietę, żeby siebie ukarać za głupotę.

Prawda?
Znasz to może?
No właśnie.

Próbowałam mnóstwa diet. Wiem dlaczego to robiłam, wiem jakie efekty chciałam uzyskać i wiem jak to się skończyło.

To było tak samo jak z nauką języków obcych. Wszystkie kursy istniejące na rynku zupełnie do mnie nie pasowały. Były najeżone deklinacjami, koniugacjami i regułami gramatyki, które dla mnie wyglądały jak żelazne zasieki. Nie mogłam się przez nie przedrzeć. Ja tylko chciałam mówić po angielsku! Po hiszpańsku! Po francusku! Nie chcę wiedzieć jak się nazywa ten czas i nie umiem skutecznie, na zawsze zapamiętać w jakich przypadkach należy go używać.

Próbowałam, naprawdę. Ale nie umiem. To mi po prostu wypada z głowy i kiedy przychodziło co do czego, czyli kiedy już byłam w sytuacji wymagającej użycia języka obcego, to ja się zaczynałam zastanawiać jakiego czasu powinnam użyć i czy dobrze pamiętam jego budowę. I milczałam. Bo nie byłam w stanie odnaleźć w sobie ani słów, ani zasad.

To co robisz
ze swoim ciałem

w absolutnie bezpośredni
sposób
przekłada się na to
jak twoje ciało
wygląda,

jak się czuje

i ile ma siły.

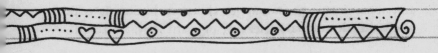

Do kosza z taką nauką.

Wtedy zaczęłam szukać takiego sposobu, który byłby dla mnie skuteczny. Moim celem było nauczyć się, czyli mówić i rozumieć. Rozmawiać w języku obcym.

Odrzuciłam teoretyczne wykuwanie wzorów budowy czasów i zapamiętywanie kiedy należy ich używać. Wybrałam jeden czas przeszły, jeden przyszły, jeden teraźniejszy i po prostu ćwiczyłam mówienie. Codziennie. Opowiadałam samej sobie co mi się śniło, o czym marzę, co zamierzam zrobić.
I tak nauczyłam się języków.
I miałam z tego wielką przyjemność.

I z dietą było tak samo.

Wszystkie diety, których próbowałam, były oparte na zakazach i wiecznej wojnie z czymś. Wojnie ze sobą, wojnie z kilogramami, wojnie z tłuszczem, wojnie z węglowodanami, wojnie z indeksem glikemicznym.

Boże, ciągle musiałam z czymś walczyć! To było bardzo wyczerpujące. I miałam dziwne wrażenie, takie podskórne przeczucie, że to jest nielogiczne.

Bo wojna jest zaprzeczeniem szczęścia.
Wojna jest zaprzeczeniem radości i wolności.
I myślę, że właśnie dlatego czułam się w tych dietach tak obco i niewygodnie. Bo ja chciałam być szczęśliwa! Wolna! Zadowolona!

A szczęśliwy, wolny i zadowolony jest tylko człowiek zdrowy.

A człowiek zdrowy to taki, którego organizm działa w doskonale sprawny i bezproblemowy sposób.

Zgodzisz się z tym?

No właśnie.

I tak wymyśliłam dietę, która musi zawierać te wszystkie elementy, a jednocześnie być skuteczna w fizyczny sposób, czyli prowadzić do szczupłego, zdrowego i silnego ciała.

Jesteś gotowa?

Oto moja dieta.

ROZDZIAŁ 24

Dieta pum

Gdybym musiała jakoś nazwać moją dietę, nazwałabym ją dietą pum.

Czy wiesz co to jest puma?

Puma to inaczej górski lew albo pantera. Żyje w Amerykach, czyli w Ameryce Północnej, Środkowej i Południowej. Puma jest samotnikiem, prowadzi nocny tryb życia i jest genialnym łowcą. Lubi mieszkać w lesie. I tam ją zostawmy, bo moja dieta nie ma nic wspólnego z tymi zwierzętami.

To był tylko żart.

Ale na serio moja dieta nazywa się Dieta PUM.
P – jak Prawda, U – jak Uczciwość, M – jak Miłość. PUM.

Wszystko, co wiem o życiu, szczęściu, wolności i zdrowiu, zawsze prowadzi mnie z powrotem do tego samego miejsca. Czyli tam, gdzie istnieją te trzy wartości.

Wszystko. Każdy życiowy zakręt, każde niespełnione pragnienie, każde najważniejsze odkrycie, jakiego dokonałam przez minione kilkadziesiąt lat. Mam na myśli odkrycia najważniejsze dla mnie, bo pozwoliły mi zmienić wszystko, co było we mnie złe, leniwe, niechętne, zrozpaczone, smutne i samotne.

A najdziwniejsze jest to, że chyba nigdy nie szłam do tego miejsca prostą drogą. Zawsze wybierałam bardzo skomplikowane trasy. Błądziłam, czołgałam się po omacku, dostawałam po głowie, wpadałam w przepaści, rozbijałam sobie nos, kaleczyłam się o ostre skały, ale uparcie wędrowałam przez życie do miejsca, w którym wreszcie znajdę ulgę. Spokój. Poczucie bezpieczeństwa. Siłę. Radość.

Z dietą też tak było.

Nie wpadłam od razu na ten najprostszy pomysł. Najpierw musiałam krążyć długo w labiryncie innych diet, sprzecznych zaleceń, wojen z kaloriami, zakazów, nienawiści do siebie i kompletnego niezrozumienia mojego organizmu.

Jest takie określenie *back to square one*, czyli z powrotem na start. Jeśli grałeś kiedyś w gry planszowe – na przykład w Chińczyka – to tam też często trzeba było wrócić na początkowe pole na planszy, prawda? Chciałeś czy nie, jak ktoś zbił twój pionek, to wracałeś na początek i musiałeś znowu całą trasę pokonywać od nowa.

W życiu też tak jest.

I z dietą też tak jest.

Za każdym razem życie rzucało mnie *back to square one*, czyli na sam początek trasy na planszy zwanej odchudzaniem.

Bo z każdą dietą właściwie było tak samo. Zaczynałam, stosowałam się do wskazówek, ale po kilku dniach odkrywałam coś, co mnie zniechęcało albo uniemożliwiało mi kontynuowanie tej cholernej diety. Na przykład przepis, gdzie ktoś kazał dodać fenkuł.

Fenkuł???!!!!! Jezu!!!!!

Nigdy w życiu wcześniej nie słyszałam tego słowa, a teraz nagle mam skombinować fenkuł????!!!!!

Albo dostawałam biegunki. Osłabiona, z zawrotami głowy siedziałam na muszli i nienawidziłam całego świata, łącznie z dietą, odchudzaniem się i sobą samą.

Albo było mi ciągle zimno. Tak działały na mnie diety oparte na sałatach i surowych marchewkach. Boże! Rygorystycznie stosowałam zalecenia diety niskokalorycznej, trzęsłam się z zimna i czułam jakiś dziwny, skłębiony ciężar w jelitach. Męczyłam się więc z sałatą polewaną dietetycznym sosem, byłam słaba, zniechęcona i cierpiałam na wieczną biegunkę. To było okropne.

I było to całkiem logiczne. Dopiero teraz wiem, że surowe warzywa są ciężej strawne niż gotowane. Dłużej zalegają w jelitach i są w pewien sposób „twardsze" dla organizmu, który musi wyprodukować dodatkowe enzymy, żeby je strawić. To oznacza, że musi zużyć więcej swojej życiowej energii. Tej samej, którą mógłby wykorzystać na przykład na myślenie i szybsze kojarzenie faktów. No, ale jeśli w twoim żołądku zalega skłębiona twarda, surowa masa zielonych łodyg i liści, to całą siłę trzeba skierować właśnie tam, a nie do mózgu.

Wtedy jednak o tym nie wiedziałam.

Odkryłam to znacznie później i w następnych rozdziałach wyjaśnię to dokładniej.

ROZDZIAŁ 25

Kiedy boli noga

Czy wiesz czym się różni medycyna tradycyjna Dalekiego Wschodu od medycyny europejskiej?

Kilkoma rzeczami. Ale najważniejsze wydaje mi się to, że medycyna tradycyjna zagląda do wnętrza człowieka, a nowoczesna medycyna patrzy tylko na powierzchnię.

Mam na myśli to, co zrobi lekarz kiedy przyjdzie do niego pacjent na przykład z bólem nogi.

Lekarz nowoczesnej medycyny w Europie zapyta:
– Czy pan się uderzył?
– Nie.
– Czy ma pan kłopoty z krążeniem?
– Nie mam.
– Czy ma pan żylaki?
– Nie mam.
– Proszę pokazać nogę. Nic tu nie widać.

Lekarz naciska w kilku miejscach.

– Czy to boli?

– Nie boli – odpowie pacjent. – Wie pan, to jest dziwny ból, jakby w środku. Może to kość mnie boli?

– Hm – powie lekarz. – Zrobimy prześwietlenie.

Na prześwietleniu nic nie widać.

– Dam panu leki przeciwbólowe i przeciwzapalne. Proszę wziąć jedną tabletkę, a jak nie pomoże, niech pan weźmie następną.

Recepta, tabletki przeciwbólowe i przeciwzapalne, dodatkowe suplementy zalecane na kartce reklamującej firmę farmaceutyczną, dziękuję, do widzenia.

Lekarz tradycyjnej medycyny – na przykład ajurwedyjskiej, tybetańskiej albo chińskiej – powie:

– Proszę pokazać język.

Pacjent posłusznie otwiera usta.

– Podwinąć rękawy, chcę zobaczyć ramiona.

Zdejmuje koszulę.

– Jak się pan czuje?

– Nie bardzo.

– Jak pan sypia?

– Też nie bardzo.

– Stres?

– Tak. Potwornie. I coraz więcej.

– Ma pan kłopoty z żołądkiem?

– No, prawdę mówiąc ostatnio tak. Taki dziwny ciężar czuję w brzuchu.

– A noga? Proszę pokazać nogę.

Lekarz ogląda nogę, naciska w kilku miejscach.

– Boli?

– Nie boli. To jest taki dziwny ból, jakby głęboko w środku.

Lekarz kiwa głową i mówi:

– Myślał pan ostatnio o zmianie pracy?

– Tak! – odpowiada zaskoczony pacjent. – Czuję się taki trochę… osaczony w miejscu, w którym jestem.

Lekarz znowu kiwa potakująco głową, a potem powie mu pewnie coś takiego:

– Nogi chorują wtedy, kiedy boisz się pójść naprzód. Kiedy jesteś uparty, sztywny, zamknięty na zmiany. Jednocześnie chcesz, ale panicznie się boisz. Jednocześnie stoisz jak kamień w jednym miejscu i chcesz biec naprzód. Stąd bierze się stres, a ze stresu pojawiają się kłopoty z trawieniem, przemianą materii i ze snem.

Otwórz się. Puść się tego, czego tak kurczowo się trzymasz. Myśl pozytywnie. Odważ się zrobić krok naprzód do tego, co się tak pociąga. Nawet jeśli popełnisz błąd, nauczysz się czegoś nowego i będziesz miał świadomość tego, że spróbowałeś, że odważyłeś się sięgnąć po to, czego pragniesz.

Przestań się spinać i upierać.

Oddychaj głęboko i słuchaj swojego instynktu.

Wtedy przestaniesz mieć kłopoty ze snem, jedzeniem i wypróżnianiem.

I wtedy przestanie cię boleć noga.

Rozumiesz?

Bo lekarz tradycyjnej medycyny wschodniej widzi w jaki sposób wszystko jest w człowieku połączone – jego nerwy, emocje i myśli z tym, jak działa jego organizm.

A lekarz nowoczesnej medycyny europejskiej widzi to, co jest dostrzegalne na zdjęciu rentgenowskim. Ale nikt go nie nauczył jak dostrzec drugie dno tego, co jest widzialne na wierzchu.

Wiesz dlaczego o tym piszę?
Bo taka sama jest różnica w dietach.

Najbardziej popularna dieta odchudzająca zaleca jedzenie surowego, zimnego jedzenia i produktów „dietetycznych". Wydaje mi się, że ta dieta powstała właśnie w bezduszny, czysto matematyczny sposób.

Ktoś sprawdził ile kalorii jest zużywanych do strawienia ugotowanej porcji warzyw i surowej porcji warzyw.

Matematycznie wyszło mu, że więcej kalorii jest spalanych przy trawieniu surowego, zimnego jedzenia. I z tego wysnuł kosmicznie – moim zdaniem – idiotyczny wniosek, że jeżeli zużywasz więcej kalorii na strawienie zimnego jedzenia, to dzięki temu szybciej schudniesz.

Rozumiesz?

To jest czysto matematyczne, mechaniczne obliczenie oparte na założeniu, że jeśli więcej spalisz kalorii, to będziesz chudszy!

Ale zaraz! A co z resztą mojego organizmu?? Co z tym, jak pracują jelita? Jak pracuje mój mózg? Jak działają moje komórki???

Czy pamiętasz opowieść o dwóch miastach? Mam na myśli miasta Juliusza Cezara. To piękne, zdrowe, rozwijające się miasto, do którego dotarł wcześniej. I to drugie, rozpadające się, plądrowane przez przestępców miasto kilka miesięcy później.

Proste pytanie:
Dyrektor budowy wpadł na pomysł, że jeśli robotnicy dostaną lżejsze cegły, to mniej będą zmęczeni, więc jednego dnia wybudują więcej. Zamówił więc cegły z dodatkiem styropianu.

I rzeczywiście. Cegły były lżejsze, robotnicy szybciej się poruszali. Zbudowali kilka metrów ścian więcej.

Ale te ściany były o połowę mniej trwałe i odporne na deszcz i wiatr. Kiedy więc przyszła burza, budynek się chwiał, odpadały z niego balkony i okna, a ludzie mieszkający w środku krzyczeli z przerażenia.

Rozumiesz?
To jest tak samo jak z dietą niskokaloryczną.

Dieta niskokaloryczna oparta na produktach o obniżonej zawartości tłuszczu albo/i cukru to właśnie takie cegły ze styropianem w środku. Ten styropian to syntetycznie wyprodukowane zamienniki tłuszczu i cukru, które co prawda rzeczywiście posiadają mniej kalorii, ale

jednocześnie są pozbawione takich substancji, z których twój organizm może zbudować swoją siłę i odporność.

Rozumiesz?

Dieta niskokaloryczna oparta na produktach o obniżonej zawartości tłuszczu i cukru to dieta wysokotoksyczna.

I muszę się przy tym na chwilę zatrzymać.

ROZDZIAŁ 26

Reklama serka

Kiedy mieszkałam w Londynie, w telewizji pokazywano reklamę popularnego serka w wersji light. Pamiętam tę reklamę do dziś.

Kamera pokazuje schludną, ładną kuchnię. Przy blacie stoi śliczna pani. Nie jestem pewna, ale wydaje mi się, że mogła to być jakaś ówcześnie popularna aktorka. Uśmiecha się, jest ubrana w śnieżnobiałą bluzkę, ma piękne włosy i wesołe, figlarne oczy. Reżyser mówi, że zaczynamy nagranie, a śliczna pani ma zareklamować najnowszą wersję popularnego serka do smarowania.

Bierze kromkę chleba i smaruje na nim biały puszysty serek. Bardzo grubą warstwą. Naprawdę BARDZO grubą warstwą. Właściwie to nie była warstwa, tylko wielka góra sera. Aktorka z zachwyconym wyrazem twarzy podnosi kromkę do ust, gryzie pierwszy kęs, a potem z niepohamowaną rozkoszą pożera całą resztę, z niecierpliwym pośpiechem i pragnieniem wpycha chleb do ust, ser oblepia jej policzki, a ona z pełnymi ustami i szczęśliwym uśmiechem próbuje wytłumaczyć, że po prostu nie mogła się powstrzymać, bo to było takie pyszne.

Oglądałam tę reklamę kilka razy i za każdym razem miałam to samo wrażenie:
– Ja też tak chcę!

Ta reklama sugerowała kilka rzeczy:
Po pierwsze to, że serek w wersji light, czyli odchudzonej, można zjadać w bezgranicznie wielkich ilościach. Po prostu jesz ile chcesz, ale ponieważ serek light ma mało kalorii, to ciągle jesteś szczupła.

Po drugie – ten ser może ci dać radość, jakiej już dawno nie czułaś i za jaką tęsknisz. To jest zapewne ten sam rodzaj radości, jaką czujesz w ramionach mężczyzny, który łagodnie i czule cię przytula. Serek da ci to samo uczucie.

Po trzecie – w przypadku produktów light nie musisz mieć żadnych zahamowań. Możesz pójść na całość. Możesz być wreszcie sobą. Możesz raz w życiu zapomnieć się, przestać się wiecznie kontrolować, zdobyć się na luz, którego tak ci brakuje.

Oczywiście nikt tego w tej reklamie głośno nie powiedział. To były tylko komunikaty podświadome. Jak dla mnie – bardzo skuteczne. Przy najbliższej wizycie w sklepie w pierwszej kolejności zaopatrzyłam się w reklamowany serek light. Ja też chciałam być wolna, szczupła, piękna i szczęśliwa, a moja zmordowana ciągłą walką podświadomość uwierzyła, że serek light to mi zapewni.

Czy ty też może znasz to uczucie?

To jest kłamstwo, prawda?
To jest taki rodzaj kłamstwa, jaki człowiek sam czasem tworzy na własny użytek, bo jest mu wtedy wygodniej żyć.

A jeśli spojrzysz na to z jeszcze innej strony, to być może zauważysz, że to jest też zachęta do życiowego lenistwa i do bycia bluszczem, który musi tylko znaleźć coś albo kogoś, wokół czego/kogo się owinie, a wtedy to coś lub ten ktoś zapewni mu wszystko, czego potrzebuje. Czyli szczęście i bezpieczeństwo.

Nie mam oczywiście na myśli świadomych komunikatów. Nikt nie wymyślił produktów light po to, żeby cię zniewolić ani uzależnić. Nie wierzę w żaden spisek ani złą wolę.

Piszę tylko o tym w jaki sposób pewne procesy zachodzące we współczesnym świecie odbierają ci wolę do życia i poczucie odpowiedzialności za samą siebie. A tym samym odbierają ci siłę do tego, żeby tworzyć własną rzeczywistość.

Bo to jest dokładnie ten przypadek.

Zobacz jeszcze raz:

Reklama sugeruje, że nie musisz mieć silnej woli, możesz obżerać się serkiem light w dowolnych ilościach, ponieważ on został dla ciebie specjalnie odchudzony. Mówi ci też, że właściwie teraz znikną wszystkie twoje kompleksy, zahamowania i poczucie niższej wartości, bo serek da ci odwagę, radość i szczęście.

A ty w to wierzysz.

Bo bardzo chcesz w to wierzyć.

Bo nauczono cię, że jesteś bezwolną ofiarą okoliczności i że jedynym sposobem zdobycia szczęścia jest zdobycie kogoś albo czegoś, co ci to szczęście zapewni. Na przykład serek light. Albo mąż. Albo stanowisko.

Wiesz skąd to wiem?

Bo ja też tak kiedyś podświadomie sądziłam. Podkreślam, że chodzi o podświadome emocje, nad którymi nie panujesz. To one właśnie sprawiają, że nagle masz straszną ochotę na ten serek. Albo na wyjście za mąż. Albo na zdobycie nagrody prezesa.

Wtedy zupełnie nie zdawałam sobie z tego sprawy.

Dopiero teraz patrząc wstecz widzę to bardzo wyraźnie.

Czy wiesz na czym polega wzięcie odpowiedzialności za własne życie?

Mam na myśli wszystkie możliwe znaczenia tego słowa. Nie tylko odpowiedzialność za utrzymanie siebie finansowo, nie tylko przekonanie, że trzeba sobie zawsze poradzić. Ale także – przede wszystkim – poczucie, że jestem odpowiedzialna za to jak wygląda moje życie.

W praktyce to oznacza, że nikogo nie obwiniam o to jak jest.

Rozumiesz?

Pewnie kiwasz głową bez namysłu i jesteś gotowa czytać dalej.
Ale zatrzymaj się.
Czy naprawdę rozumiesz co mam na myśli?

Kiedy mówię, że jestem odpowiedzialna za siebie, to znaczy, że wiem, że to co mam dzisiaj w życiu, jest konsekwencją tego, jakie decyzje kiedyś podejmowałam. Albo tego jakich decyzji bałam się podjąć.
Rozumiesz?

Odpowiedzialność za siebie to przekonanie, że moje życie jest takie, jakim ja je urządziłam. I będzie takim, jakim ja je urządzę.

To znaczy, że nie ma nikogo, kogo można winić za to, co jest w twoim życiu złe albo niesprawiedliwe czy w inny sposób uważane przez ciebie za krzywdzące.

Bo jeśli dobrze poszukasz w pamięci i we własnym sercu, na pewno odkryjesz, że za każdym takim krzywdzącym faktem stała twoja decyzja. Albo brak twojej decyzji.

Mam na myśli też decyzję o przebaczeniu tym, którzy wyrządzili ci coś złego kiedy byłaś dzieckiem i nie mogłaś się świadomie przed tym obronić.

To też jest decyzja.

Więcej napisałam o tym w książkach z serii „W dżungli podświadomości".

Teraz piszę o tym dlatego, że w odchudzaniu i zdrowiu też istnieje coś takiego jak „odpowiedzialność za samego siebie".

I wyjaśnię ci na czym ona polega.

ROZDZIAŁ 27

Dziór bez dna

Kiedyś po obejrzeniu reklamy serka light szłam do sklepu i kupowałam go, mając wciąż w pamięci to cudowne uczucie lekkości, radości i wolności, jakie kojarzyło mi się z oglądaniem reklamy.

Ja chciałam, żeby to, co widziałam w reklamie, stało się częścią mojego życia. Żeby tamta radość i wolność były też moją radością i wolnością. I nawet przez myśl mi nie przeszło zatrzymać się, stuknąć się w czoło i zapytać:

– Serio? Naprawdę wierzysz w to, że ten serek ma taką moc?

Gdybym zadała sobie to pytanie, to musiałabym uczciwie odpowiedzieć:

– No, nie, oczywiście. Serek nie ma takiej mocy.

Ale na pewno kombinowałabym tak, żeby swoją racjonalną świadomość zmanipulować. I najprawdopodobniej dodałabym coś w rodzaju:

— Wiesz, tak naprawdę tu nie chodzi o serek. Chodzi o to, że ja jestem na diecie, a to jest produkt light i dlatego chcę go kupić.

W ten sposób wszyscy są zadowoleni. Świadomość ma swoje racjonalne wytłumaczenie, a podświadomość już się nie może doczekać kiedy dozna tych fantastycznych emocji z reklamy.

I wszystko byłoby pięknie, gdyby nie pewien drobny fakt.

Zapytam jeszcze raz:
— Na czym tak naprawdę polega poczucie odpowiedzialności za samego siebie?

Czy w tej sytuacji dostrzegasz jakieś jej szczególne zastosowanie? Czy przychodzi ci do głowy jakiś pomysł na czym może polegać odpowiedzialność za siebie w kontekście tego, co chcesz zjeść?

Teraz już pewnie wiesz.
I domyślam się, że odpowiesz mi coś w rodzaju:
— Odpowiedzialność za siebie w tej sytuacji polega na tym, żeby jeść zdrowe rzeczy i unikać niezdrowych.
Tak?

A teraz najważniejsze pytanie:
Skąd wiesz czy coś jest zdrowe albo niezdrowe?

– No, jak to – wzruszysz ramionami. – Przecież to wiadomo. Frytki są niezdrowe, pomidor jest zdrowy. Nawet dziecko to wie.

– Zgoda – odpowiem. – Ale czy kiedykolwiek przyszło ci do głowy, żeby samodzielnie sprawdzić co jest niezdrowe i *dlaczego* jest niezdrowe?

Odpowiesz pewnie, że nie miałeś czasu albo że masz zaufanie do tego, co pisze się w Internecie, bo czasem trafiasz na taki artykuł.

Okej, zgoda. A ile z tego artykułu zapamiętałeś? Najprawdopodobniej tylko to, że czasem piszą o tym, że czerwone wino szkodzi, a czasem, że pomaga na serce. Czasem piszą, że jajka są zabójcze, bo podnoszą cholesterol, a czasem że trzeba jeść ich jak najwięcej.

Mam rację?

A teraz powtórzę pytanie:
– Co tak naprawdę oznacza poczucie odpowiedzialności za samego siebie w kontekście zdrowia?

I odpowiadam:
To oznacza, że rozumiem co jest dla mnie dobre, a co mi szkodzi, ponieważ zainteresowałam się tym tematem dla własnego dobra i znalazłam wiarygodne źródła.

Rozumiesz?
Nie czerpię informacji z przypadkowego portalu i w przelocie. Celowo i świadomie szukam informacji

na ten temat, sprawdzam, dociekam, pogłębiam swoją wiedzę, ponieważ dbam o siebie najlepiej jak potrafię.

I to jest właśnie odpowiedzialność za siebie.

Dbam o siebie. Jestem w 100% świadoma tego co wkładam do mojego organizmu, ponieważ wiem, że każda rzecz, jaką zjem albo wypiję, będzie miała określone działanie. Albo mnie wzmocni, albo osłabi i przyciągnie choroby.

I teraz bardzo proste pytanie:

Czy kiedykolwiek zainteresowałeś się tym, co jest napisane na etykietach produktów, jakie kupujesz w sklepie?

I czy kiedykolwiek sprawdziłeś dokładnie czym są substancje wymienione w składzie tych produktów?

Aaaaaa, muszę sobie krzyknąć!

Nigdy nie byłam podejrzliwa. Nie wierzę w spiski.

Jeżeli ktoś na etykiecie umieszcza napis, że to jest zdrowe i dobre, to ja mu wierzę. A raczej, przepraszam – wierzyłam.

A wiesz dlaczego przestałam?

Bo mój organizm dawał mi dziwne znaki.

Na przykład po zjedzeniu czegoś, co było „zdrowe, bogate w coś tam, fit, light, wspomagające, ułatwiające, pyszne" itd. dostawałam pryszczy na twarzy. Albo miałam biegunkę. Albo czułam się ciężko. Albo w ciągu dnia zapadałam się w czarny dziór bezsiły i rozpaczy.

Aha, nie wiesz co to jest dziór?

To jest dziura i dół połączone w jednym słowie, które najlepiej odpowiada temu, jak się wtedy czułam ☺

To był dziór bez dna, wciągający mnie tak, jak tylko taki dziór potrafi.

I mniej więcej w tym samym czasie zaczęłam kojarzyć to jak wygląda i czuje się mój organizm z tym, co do niego wkładam.

I wtedy wpadłam na pomysł, żeby właściwie sprawdzić i zrozumieć co oznaczają dziwne słowa na etykietach.

Nie, nie wystarczył mi opis w Wikipedii. Wikipedia jest pisana przez amatorów. Oni mają najlepsze chęci, ale niekoniecznie posiadają najlepszą wiedzę.

To co mówisz,

to najczęściej jest tym,

w co chcesz wierzyć.

To co robisz,
jest właśnie to,
w co wierzysz naprawdę.

Zaczęłam szukać dalej i dalej. I tak właśnie odkryłam coś najbardziej zdumiewającego na świecie.

A mianowicie to, że wszystkie produkty reklamujące się jako „light" albo „diet" to najbardziej trujące rzeczy w sklepie.

ROZDZIAŁ 28

Dieta wysokotrująca

Dieta niskokaloryczna oparta na produktach o obniżonej kaloryczności to dieta wysokotrująca.

Chciałabym tylko jedno podkreślić wyraźnie:
Nie mam na myśli każdej diety niskokalorycznej.

Mam na myśli dietę niskokaloryczną opartą na bazie dostępnych w sklepie produktów oznaczonych jako *dietetyczne, niskokaloryczne, light, diet, fit* i podobnie.

Dieta niskokaloryczna sama w sobie jest dobra. Wydaje mi się, że moja dieta jest też niskokaloryczna, ale nie wiem tego na pewno, bo nigdy nie sprawdzałam ile kalorii ma dane danie. I nie zamierzam tego sprawdzać, bo moim zdaniem liczenie kalorii jest bez sensu.

Organizm ludzki to coś znacznie więcej niż tylko matematyczne równanie energii zużytej i energii dostarczonej.

Dieta niskokaloryczna oparta na gotowych produktach dietetycznych to dieta wysokotoksyczna, która zatruwa jednocześnie twoje ciało i twój umysł.

Zacznę od tego drugiego.

Pamiętasz reklamę serka do smarowania w wersji light, o której napisałam kilka stron temu? Producent podsuwa ci gotowy produkt i jednocześnie przekazuje twojej podświadomości następujący komunikat:

– Nie musisz się męczyć z tym odchudzaniem. Wszystko będzie łatwo, szybko i samo się za ciebie zrobi. Zapomnij o tych wymagających dietach, które każą ci uprawiać gimnastykę. Ruch na świeżym powietrzu jest przecież taki wyczerpujący! Po co masz się spocić, pobrudzić i marnować czas na sport? Zobacz – wystarczy jeśli łyżkami będziesz zajadała nasz pyszny serek, który wcale nie ma kalorii, więc jak zjesz go bardzo dużo, to nic a nic nie przytyjesz, a jeszcze w dodatku schudniesz!

Czy rozumiesz fałsz takiego rozumowania?

Nie istnieje na świecie coś, co schudnie za ciebie.

Tak samo jak nie istnieje na świecie coś, co za ciebie przeżyje twoje życie.

TY jesteś odpowiedzialna za swoje życie.

TY jesteś odpowiedzialna za swoje zdrowie.

I tylko TY możesz podjąć decyzję o odchudzaniu i zastosowaniu diety, a następnie z pełną świadomością tę decyzję realizować.

Ale to nie wszystko.

Bo ja dokładnie pamiętam jakie było wtedy moje myślenie i jakie popełniałam wtedy błędy.

Kupiłam ten cholerny serek light. Od razu dwa opakowania, żeby mi nie zabrakło. Był bez smaku, więc dodałam do niego przyprawy z torebki. Takiej żółtej mieszanej przyprawy do zup. Nie chcę wymieniać jej nazwy, ale na pewno znasz ten żółty proszek z drobinkami czegoś czerwonego i czarnego. I aż bulgoczącego od glutaminianu sodu, ale o tym za chwilę.

Dosypałam tej przyprawy, wymieszałam, ukroiłam sobie pajdę chleba tak jak w reklamie i posmarowałam ją wielką górą dietetycznego sera. Był niskokaloryczny, więc mogłam sobie pofolgować!! Zjadłam dwie pajdy chleba obładowane serkiem light. Zrobiło mi się jakoś niedobrze. Za dużo zjadłam. No, ale przecież to było niskokaloryczne, więc byłam rozgrzeszona!

Minęło pół godziny. Byłam głodna! No to drugi serek. Dwie pajdy chleba. Niedobrze mi. Mam żołądek tak pełny, że aż naciska na płuca. Trudno mi się oddycha. No, ale przecież to jest jak najbardziej zgodne z dietą niskokaloryczną! Na pewno nie przekroczyłam dozwolonej liczby kalorii.

Jakoś siły brak. Niby jestem najedzona, ale... Rozglądam się co by tu przegryźć. Coś dietetycznego, oczywiście. Dietetyczny jogurt. Słodki, ale bez cukru. Jem. Słodki smak bardzo mi pasuje. Wzdycham z przejedzenia. Ale wciąż jestem dziwnie nienasycona. I wciąż mam ochotę coś zjeść. Najlepiej coś mocno słodkiego. Mocno, mocno słodkiego.

Czy znasz to może ze swojej diety?

Czy widzisz w jaki sposób mój umysł został zmanipulowany?

Podświadomie zakładałam, że jeśli coś jest *light*, to mogę się tym obżerać. Dosłownie obżerać, czyli zjadać znacznie więcej niż pasuje do mojego żołądka. I oczywiście oczekiwałam, że niezależnie od tego ile zjem, i tak schudnę! Bo przecież to jest *light!* Czyli takie, jakby tego w ogóle nie było!

Ale druga, jeszcze bardziej niezwykła rzecz działa się z moim ciałem.

Niezależnie od tego ile zjadłam, ciągle wydawało mi się, że mam ochotę coś zjeść.

Czy wiesz dlaczego tak jest?

Odkryłam to dopiero wiele lat później i wtedy natychmiast usunęłam z mojej lodówki i z mojej kuchni absolutnie wszystkie produkty oznaczone jako dietetyczne.

Już wyjaśniam.

Prawie wszystkie produkty dietetyczne zawierają syntetyczne substancje, które zastępują cukier i inne syntetyczne substancje, które mają dodać im smaku, koloru i konsystencji.

Bo prawda jest taka, że cukier i tłuszcz dają wrażenie bardziej intensywnego smaku.

Czy wiesz co robili specjaliści marketingu jednej z firm produkującej soki dla dzieci? Dodawali do nich więcej cukru, żeby dziecko miało wrażenie, że ten smak jest bardziej pełny, mocny i silny, a tym samym uważało je za smaczniejszy.

To straszne oszustwo jeśli weźmiesz pod uwagę fakt, że biały cukier nie jest substancją naturalną, tylko syntetycznie wyprodukowanym słodzikiem znanym w chemii pod nazwą sacharoza. I jak każda substancja syntetyczna ma niszczący wpływ na ludzki organizm, a na organizm dziecka w szczególności.

Ale wracam do produktów *light*.

Jeśli usuniesz z nich cukier i/albo tłuszcz, otrzymasz mniej lub bardziej ohydnie mdłą masę, której nikt za żadne skarby nie chciałby zjeść. I dlatego usunięty cukier i/lub tłuszcz zastępuje się syntetycznymi dodatkami, które nadają tym produktom sztuczny smak, sztuczny zapach, sztuczną konsystencję, sztuczny kolor i tak dalej.

Być może nie byłoby w tym nic złego, gdyby nie fakt, że te syntetyczne substancje są zabójcze dla twojego zdrowia.

Niszczą cię.

Niszczą twój układ odpornościowy, więc zaczynasz częściej chorować. Masz opryszczkę, łatwo się przeziębiasz, łapiesz różne dziwne infekcje.

Zakłócają wydzielanie hormonów. Myślisz, że to nic takiego?

Zaskoczę cię.

Jest taki hormon, który nazywa się leptyna. Kiedy coś jesz, twój organizm zaczyna wydzielać leptynę. Ten hormon po pewnym czasie dociera do mózgu i informuje twoje wewnętrzne centrum dowodzenia, że już się najadłeś, że nasyciłeś swój głód i że teraz możesz już przestać jeść.

Czy wiesz co się dzieje kiedy zostanie zakłócone wydzielanie leptyny?

Będziesz po prostu ciągle głodny!

Bo niezależnie od tego co i ile zjesz, twój mózg nie dostanie informacji o tym, że jesteś syty. Więc będzie się wciąż domagał czegoś do zjedzenia.

A teraz uwaga, bo myślę, że nie zdawałeś sobie z tego sprawy:

Produkty dietetyczne są naładowane syntetycznymi substancjami, które zakłócają wydzielanie leptyny i informowanie twojego mózgu o tym, że już jesteś syty!

Teraz wiesz dlaczego ciągle jesz i ciągle jesteś głodny i choćbyś stanął na głowie, to nie możesz schudnąć?

Nie wierzysz?
Sprawdź.

Przeczytaj co jest napisane na opakowaniu. Chodzi mi o te napisy umieszczone małymi literkami. W składzie na pewno znajdziesz aspartam albo sorbitol, maltodekstrynę, syrop glukozowo-fruktozowy albo glutaminian sodu.

Wszystkie te dodatki zakłócają wydzielanie leptyny i dostarczenie do mózgu informacji, że nie chcesz więcej jeść.

Ale nie tylko. Wszystkie są syntetycznymi substancjami, które mają potwierdzone szkodliwe działanie na twój organizm. Wywołują nowotwory, zwiększają produkcję tłuszczu, atakują komórki mózgowe, wywołują dręczące bóle głowy i migreny, biegunkę, cukrzycę i inne choroby.

Zdziwiona?
A czy przyszło ci kiedyś do głowy sprawdzić czym jest to, co jesz?

No właśnie.
Ja sprawdziłam.

I zapewniam cię, że poświęciłam na to wiele, wiele godzin. Zamiast pójść do kina, ja słuchałam dwugodzinnego wykładu o ekscytotoksynach. Czytałam najnowsze rozprawy naukowe amerykańskich badaczy, którzy przez przypadek trafili na ten trop, ale mają na tyle odwagi, żeby głośno o tym mówić.
Tak, trafili na to przez przypadek.

Nikt się nie spodziewał, że substancje, które legalnie dopuszczono do sprzedaży, mogą mieć jakieś poważne efekty uboczne.

Dopiero teraz zaczyna się o tym mówić.

Ale nie znajdziesz tych informacji w polskiej Wikipedii ani u swojego lekarza. Myślę, że za jakieś dwadzieścia lat to będzie wiedza powszechna, ale na razie jeżeli chcesz poznać prawdę, musisz włożyć w to więcej wysiłku. Albo poczekaj na następny tom z tej serii, bo tam właśnie dokładnie zamierzam opisać największe kłamstwa naszej cywilizacji. Czyli między innymi syntetyczne dodatki do żywności, które miały obniżyć jej cenę i nadać jej sztucznie pożądane cechy. A okazały się truciznami. To one właśnie doprowadziły do epidemii otyłości, cukrzycy, autyzmu, chorób serca i nowotworów, jakie szaleją w dzisiejszym świecie.

Plastikowe fałszywki

Czy zdarzyło ci się kiedyś zobaczyć fantastyczne, czerwone jabłko, na które miałaś ogromną ochotę, sięgnąć po nie i nagle odkryć, że jest sztuczne?

Czy pamiętasz co wtedy czułaś?

Rozczarowanie? Żal? Przykrość? Złość?

Ja pamiętam, że kiedyś zostałam zaproszona do pięknej rezydencji. Usiłuję sobie przypomnieć gdzie to było i kto mnie zapraszał, ale prawdę mówiąc pamiętam tylko jedno. Weszłam do wielkiego salonu. Obrazy na ścianach, kobierce na podłogach, lśniące kandelabry i egzotyczne rzeźby. Pod ścianą po przeciwnej stronie stał ogromny biały fortepian. A przy nim – wazon z tropikalnymi kwiatami. Podeszłam zachwycona do kwiatów, bo chciałam je powąchać. I nagle odkryłam, że są sztuczne, plastikowe. Nie pachną. Tylko prężą syntetyczne płatki na długich drutach owiniętych zielonym plastikiem.

– Och, one nie są prawdziwe?! – zawołałam żałośnie, bo nie mogłam się powstrzymać.

– Prawdziwe za szybko by zwiędły – wyjaśniła gospodyni. – A te wystarczy tylko otrzepać z kurzu.

Cały ten wielki, luksusowy, bogaty salon nagle stracił dla mnie swoją urodę. Nie mogłam zrozumieć dlaczego ktoś miałby chcieć oszukać gości, że ma takie piękne kwiaty przy fortepianie, skoro w rzeczywistości to były plastikowe fałszywki.

Rozumiesz do czego zmierzam?
Z jedzeniem jest dokładnie tak samo.

A raczej, przepraszam.
Nie jest tak samo.

Gdyby było tak samo, to na każdym produkcie z syntetycznymi dodatkami byłoby napisane wyraźnie i drukowanymi literami jaki procent tego produktu jest naturalny, a w jakim procencie jest to plastikowa fałszywka.

Kiedy idziesz do kwiaciarni, to widzisz które kwiaty są prawdziwe, a które sztuczne.

Kiedy idziesz do sklepu, to wydaje ci się, że kupujesz coś zdrowego, a w rzeczywistości w 90% kupujesz sztuczne i trujące.

Naprawdę. Nie przesadzam. Sprawdziłam.

Czy wiesz co jest plastikowym jabłkiem albo sztucznym bukietem kwiatów w krainie żywności?
Pewnie nie wiesz.

A co byś powiedziała na przykład na keczup? Albo na pączka? Jak sądzisz? Są prawdziwe czy sztuczne?

Być może cię zaskoczę, ale zarówno keczup, jak i pączek są napakowane syntetycznymi trującymi dodatkami.

Już widzę jak marszczysz z niezadowoleniem brwi i powiesz:
– No, ale przecież nie wszystkie!

To prawda. Nie wszystkie.

Jeżeli sama upieczesz pączka albo chleb, to będą prawdziwe, bo użyjesz do nich prawdziwych, żywych składników – choćby takich jak zdrowa, pełnoziarnista mąka, domowej roboty konfitura, prawdziwy zakwas, jajka klasy zero, nierafinowana sól i tak dalej.

Ale jeśli kupisz pączka w sklepie – mam na myśli każdy zwykły sklep i cukiernię – to z prawie 100% gwarancją będzie to sztuczny pączek – najprawdopodobniej zrobiony z zamrożonego kawałka ciasta przygotowanego rok wcześniej, z dodatkiem kilkunastu różnych syntetycznych proszków, które zastępują jajka, mleko, cukier, smak, zapach i zapewniają odpowiedni kolor i konsystencję.

Rozumiesz?

I nikt ci nie powie, że ten pączek nigdy nie widział rąk piekarza. Nikt nie zagniatał i nie wyrabiał tego ciasta. Nikt nie dodał do niego jajka ani mleka. Na linii produkcyjnej maszyna odmierzyła odpowiednie ilości syntetycznych proszków, żelazne mieszadła wymieszały, a podajnik wrzucił do pieca.

Tak po prostu teraz produkuje się żywność.

Zgadzam się, to okropne. Ale tak po prostu jest.
Wiesz dlaczego?

Bo ma być tanio. A najtaniej jest zrobić żywność z syntetycznych, sztucznie wyprodukowanych proszków. Po prostu.

Dokładnie tak samo jak w tym cudownym salonie, gdzie stał biały fortepian. Gdyby gospodyni musiała codziennie wstawiać do wazonu świeże kwiaty, kosztowałoby ją to znacznie więcej niż wstawienie plastikowych.

I dokładnie tak samo jest z żywnością.
To dlatego pączek kosztuje złotówkę, a chleb dwa złote. Bo są pełne syntetycznie wytworzonej chemii, która nadaje im sztuczny smak, sztuczny zapach i sztuczny blask.

I znów powiem: być może nie byłoby w tym nic złego. Fajnie jest kupić coś tanio, a ten pączek smakuje *prawie* jak prawdziwy.

Otwórz się.

Puść się tego,
czego tak kurczowo się trzymasz.

Myśl pozytywnie.

Odważ się zrobić
krok naprzód
do tego,
co cię tak pociąga.

Chodzi jednak o to, że syntetyczne dodatki do żywności psują twoje ciało od środka. Zaburzają jego równowagę. Zmieniają działanie twoich komórek. Niszczą twój układ odpornościowy. Uaktywniają komórki rakowe. Zabijają komórki w mózgu. Sprawiają, że obrastasz tłuszczem i tuczą cię jak gęś. Są stuprocentowym zaprzeczeniem zdrowia, szczupłości i siły.

Czy teraz rozumiesz?

Tak, tak, tak! Mam na myśli wszystkie syntetyczne dodatki do żywności! Także te, które są legalne i do których obecności przyzwyczaiłaś się tak bardzo, że pewnie nie zwracasz już na nie uwagi! Choćby takie jak kwas cytrynowy, umieszczany na etykiecie czasem z dodatkowym wyjaśnieniem: regulator kwasowości.

Ha! Pewnie myślałaś, że ktoś bierze cytrynę i wyciska do twojego batonu czekoladowego, dżemu, musztardy albo zupy trochę soku?

Wiem, ja też miałam kiedyś takie skojarzenie.

Ale błagam! Zapomnij o naturalnych produktach. Ich przechowywanie, magazynowanie i transportowanie jest takie drogie, że twoja czekoladka albo keczup musiałby kosztować kilka razy więcej.

Więc nie.
Nie ma cytryny.
Jest syntetyczny proszek.

Trafia do wnętrza twojego ciała. I zmienia jego naturalne zachowanie, bo atakuje naturalne procesy biochemiczne, które w twoim organizmie bez przerwy się odbywają. Zmienia je. W przypadku kwasu cytrynowego udowodniono, że doprowadza do zaburzeń komórek nerwowych w mózgu, przez co osłabiona zostaje twoja inteligencja, bystrość, umiejętność kojarzenia faktów.

Czy tego właśnie chcesz?...

ROZDZIAŁ 30

Dieta PUM

Czy chcesz mieć plastikowe jabłko zamiast prawdziwego? Pewnie nie.

Czy rozumiesz teraz na czym polega moja dieta?

Przestałam liczyć kalorie. Przestałam toczyć walkę z kilogramami, tłuszczem czy węglowodanami. Przestałam walczyć ze sobą.

Wzięłam pełną odpowiedzialność za moje życie i moje zdrowie. Dlatego sprawdziłam co się znajduje w pożywieniu, które wcześniej jadłam.

A potem zrobiłam najprostszą rzecz pod słońcem:
Połączyłam wszystko, co wiem na temat życia oraz na temat żywności. I tak powstała Dieta PUM oparta na trzech zasadach: Prawdzie, Uczciwości i Miłości.

Prawda
Jem tylko PRAWDZIWĄ żywność. Czyli jem tylko to, co nie zawiera absolutnie żadnych syntetycznych dodatków.

Myślisz, że to niemożliwe? Że przecież sama napisałam kilka stron temu, że prawie 100% gotowych produktów żywnościowych sprzedawanych w sklepach, piekarniach i cukierniach zawiera syntetyczne proszki i dodatki?

Tak jest.
Dlatego nie kupuję żadnego gotowego jedzenia. Sama je robię.

Kupuję proste, stuprocentowo prawdziwe składniki – na przykład kaszę jaglaną, płatki owsiane, suszone daktyle, ziemniaki, kapustę, marchew, soczewicę, ciecierzycę, fasolę.

Ha!
Jakie to jest pyszne!!!!
A jak się przy tym fantastycznie chudnie!!!

Nie wierzysz.

Albo myślisz, że to zbyt skomplikowane i pracochłonne, że pewnie zaraz ci każę piec chleb i ubijać masło.

Wcale nie.
Ja mam bardzo mało czasu. Nie mam czasu na pieczenie skomplikowanego chleba ani ubijanie masła. Nie mam czasu na codzienne gotowanie obiadów.

Ale mam czas na to, że postawić garnek na gaz, włożyć do niego odpowiednie składniki, wymieszać i przyjść pół godziny później, kiedy moje danie będzie gotowe.

Proste?

Za chwilę do tego wrócę.

Uczciwość

Mam uczciwe intencje. Moim celem jest zdrowie, szczęście i siła. Dbam o siebie. Uczciwość moim zdaniem polega też na uczciwości wobec samego siebie.

To oznacza, że nigdy i w żadnych okolicznościach nie jem rzeczy, o których wiem, że są dla mnie szkodliwe.

Rozumiesz?

Nie chodzi o to, żeby zmuszać się do czegoś nieprzyjemnego przez sześć dni, a siódmego dnia pofolgować sobie, najeść się słodyczy, mięcha i popić piwem.

Bo jeśli wiesz, że te słodycze, mięcho i piwo są dla ciebie szkodliwe – a ty lubisz siebie, dbasz o siebie i jesteś wobec siebie uczciwa – to siódmego dnia też w oczywisty sposób po prostu nie będziesz miała na nie ochoty.

Rozumiesz?

To jest właśnie uczciwość.

Wiem co jest dobre i co jest złe. Wybieram tylko to, co jest dobre. A jeśli mam jakiekolwiek wątpliwości, to uczciwość nakazuje sprawdzić to w kilku wiarygodnych źródłach.

Ja byłam i jestem stuprocentowo uczciwa wobec samej siebie.

Chcę dbać o siebie. Ja chcę być zdrowa, silna i szczęśliwa. Jeżeli więc wiem, że w jogurcie, batonie czekoladowym, frytkach, parówce albo napoju gazowanym są substancje, które mi szkodzą, to nigdy z własnej woli nie włożę ich do ust.

Miłość
Lubię siebie. Jestem dla siebie przyjacielem.
Gdybym opiekowała się kimś, kogo lubię, szanuję i uważam za przyjaciela, starałabym się dawać mu tylko to co jest najlepsze, prawda?
No właśnie. I w taki sam logiczny sposób opiekuję się sobą. Z sympatią i dobrymi chęciami.

Nie zmuszam się do diety, nie nękam się wyzwiskami, nie wchodzę ze strachem na wagę, żeby sprawdzić ile mi się udało zrzucić. Skończyłam z wyzywaniem się od tłustych beczek i ofiar. Jestem po prostu dla siebie przyjacielem.

Przeszłam na tę dietę dlatego, że chciałam zrobić dla siebie coś dobrego. COŚ DOBREGO. Chciałam uwolnić się od trujących dodatków, od kar, zakazów i przymusu walki. Najpierw zrozumiałam na czym musi polegać dobra, zdrowa i silna dieta, a potem ją po prostu zastosowałam w moim życiu. W najbardziej możliwie naturalny sposób. Nie musiałam się do tego zmuszać ani podejmować poważnego postanowienia.

Po prostu – kiedy dowiedziałam się czym są toksyczne dodatki do żywności, przejrzałam wszystko, co miałam w kuchni i prawie wszystko bez żalu wyrzuciłam. Nawet moje ulubione jogurty, którymi się zajadałam codziennie. No, ale kiedy się nimi zajadałam, nie wiedziałam, że syrop glukozowo-fruktozowy przestawia mój metabolizm na produkcję tłuszczu, kwas cytrynowy niszczy mój umysł, a aspartam wywołuje nowotwory.

Rozumiesz?
Czy mam to wyjaśnić dokładniej?
Proszę bardzo.

ROZDZIAŁ 31

P – jak Prawda

Czy wiesz czym się różni człowiek od robota?

No, wiem, to głupie pytanie, bo każde dziecko to wie. Ale chcę ci uświadomić pewną ważną rzecz.

Człowiek różni się od robota tym, że jest skonstruowany z innej substancji. Zgodzisz się z tym?

Człowiek jest zbudowany z delikatnej tkanki pokrytej miękką skórą. A robot jest zrobiony z twardego metalu.
Człowiek posiada biologiczny system pobudzający go do życia. Ten system działa na bazie żywych komórek wyspecjalizowanych do różnych życiowych funkcji.

Robot posiada mechaniczny system skonstruowany ze śrubek, układów scalonych i zaprojektowanych przez inżyniera w fabryce.

Człowiek jest częścią natury. Inne elementy przyrody też są skonstruowane z komórek, miękkich tkanek i pokryte jakimś rodzajem naturalnej łupiny.

Robot jest częścią przemysłu. Został wymyślony i zbudowany przez człowieka – tak samo jak dom, samochód albo młyn.

Rozumiesz?

Człowiek stanowi element żywego świata. Został stworzony jako jego cząstka. To znaczy, że w najbardziej naturalny i doskonały sposób pasuje do niego wszystko, co się w świecie przyrody znajduje. Tak? Bo człowiek, rośliny i zwierzęta pochodzą z tego samego źródła. Nie mam na myśli prahistorycznych dinozaurów ani małpoludów, tylko źródło stworzenia.

Człowiek nie stworzył roślin. Człowiek nie stworzył zwierząt. Człowiek nie stworzył ludzi. Bo wszystkie te żywe istoty zostały powołane do życia w tajemniczych okolicznościach przez Stwórcę. Nie mam teraz na myśli Boga opisanego w Starym Testamencie, bo jak już wyjaśniałam w poprzednich książkach, moim zdaniem to co zostało tam opisane to tylko ludzka interpretacja boskiej mocy. A moc boska dlatego jest boska, że pozostaje poza możliwością pojęcia przez ludzki umysł.

Teoria ewolucji jest też jak najbardziej słuszna, ale i ona była możliwa dzięki Boskiej Mocy. Bo tylko ta Boska Moc jest w stanie poruszać w nas krew, serca i utrzymywać nas w stanie życia.

Rozumiesz?

Człowiek jest dziełem tego samego projektanta, który stworzył rośliny i zwierzęta. Działa na podobnych zasadach. Jest z nimi możliwie najbardziej kompatybilny w naturalny, doskonały i w pełni harmonijny sposób.

Człowiek stanowi z nimi część Prawdy. Tej Boskiej Prawdy, której inżynierowie nie są w stanie przeniknąć za pomocą swoich umysłów, teleskopów i mikroskopów.

Przeciwieństwem prawdy jest fałsz.

Jeżeli prawdą są te produkty spożywcze, które zostały stworzone przez naturę, to co jest ich przeciwieństwem?

Przeciwieństwem naturalnych produktów spożywczych są produkty stworzone przez człowieka.

Nie zrozum mnie źle.

Nie zarzucam ludziom złej woli ani braku wiedzy. Wierzę w to, że naukowcy pracują dla dobra ludzkości. Jestem jednak jednocześnie przekonana o tym, że wiele z tych wynalazków jest wykorzystanych w złym celu i z całkowitym brakiem zrozumienia dla praw natury.

To dotyczy w pierwszej kolejności sposobu, w jaki na świecie jest produkowana masowo wytwarzana żywność.

Napisałam o tym więcej w książce „W dżungli zdrowia". Wybacz, że cię do niej odsyłam, ale jeżeli teraz znowu napiszę

Rozumiem
co jest dla mnie dobre,
a co mi szkodzi,

ponieważ zainteresowałam się
tym tematem
dla własnego dobra

i znalazłam
wiarygodne źródła

to, co napisałam wcześniej – żeby tobie było łatwiej czytać i żeby oszczędzić ci wysiłku szukania innej książki – to ludzie powiedzą, że we wszystkich książkach piszę to samo.

Więc proszę – jeśli chcesz się dowiedzieć więcej na temat sposobu produkowania masowej żywności, zajrzyj do „W dżungli zdrowia" oraz do „Największych kłamstw naszej cywilizacji", która ukaże się w przyszłym roku.

Masowo produkowana żywność zawiera masę syntetycznych proszków i dodatków. Nie jest prawdziwa. Jest czystym FAŁSZEM. Zamiast dostarczać ci siłę i składniki odżywcze, dostarcza ci chemiczne substancje sztucznie wyprodukowane w laboratoriach, które naruszają równowagę twojego organizmu i psują go od środka.

Wszystko, co jest w życiu dobre, mocne i trwałe, musi się opierać na Prawdzie.
Dieta też.

I dlatego właśnie podstawowym założeniem mojej diety jest to, że jem tylko i wyłącznie to, co zostało wytworzone przez naturę i nie zawiera żadnych syntetycznych substancji wyprodukowanych przez człowieka.

Jem tylko to, co jest Prawdziwe.

Bo tylko to, co jest Prawdziwe, zawiera to, co jest mi potrzebne do prawidłowego funkcjonowania.

Tylko to, co jest Prawdziwe (czyli stworzone przez Naturę i niezmienione przez człowieka) zawiera cały komplet bezcennych substancji i informacji niezbędnych dla moich komórek. Bo przecież moje komórki tworzą mój organizm.

Rozumiesz?

Naturalne, prawdziwe produkty są zbudowane z tych samych życiowych wzorów, co wzory zapisane w twoich genach i komórkach.

Rzeczy sztucznie stworzone przez człowieka w laboratorium są z tego punktu widzenia nieprawdziwe i tak samo fałszywe jak sztuczne kwiaty w wazonie.

Czy teraz to jest dla ciebie jasne?

Czy wiesz co to oznacza w praktyce?

Prostą rzecz.

Kiedy sprawdziłam co się znajduje w gotowych produktach żywnościowych sprzedawanych w sklepach, odkryłam, że we wszystkich – naprawdę we WSZYSTKICH – znajdują się chemiczne dodatki.

Oto najczęściej powtarzająca się rodzina trujących dodatków:

Emulgatory, stabilizatory, zagęstniki, przeciwutleniacze, barwniki – także te określane jako identyczne z naturalnymi – substancje słodzące, substancje konserwujące, substancje wzmacniające smak i zapach.

Gdybym miała je wymienić po imieniu, zajęłoby mi to kilka stron, a ty i tak nie przeczytałabyś tego dokładnie, bo zgubiłabyś się w symbolach E i liczbach.

Powiem więc najprościej jak umiem:
Każde E-coś tam to sztuczny dodatek do żywności. Wiele z nich zostało zbadanych i dopuszczonych do użycia. Ale przecież zbadano je kilkadziesiąt lat temu! Dopiero dzisiaj nowe badania pokazują, że te chemiczne dodatki mają trudny do przewidzenia wpływ na ludzki organizm, widoczny pewnie dopiero po pewnym czasie. I zresztą, czy ktoś, kto cierpi na potworne bóle głowy skojarzy to z ulubioną nadziewaną czekoladą wyprodukowaną z dodatkiem syropu fruktozowo-glukozowego?

No właśnie.

Z tego co udało mi się do dzisiaj ustalić, najbardziej szkodliwe są:

Benzoesan sodu, glutaminian sodu, kwas cytrynowy, aspartam, sorbitol, maltodekstryna, syrop glukozowo--fruktozowy, lecytyna sojowa, serwatka w proszku, mleko w proszku, cukier, guma arabska.

To nie znaczy, że inne są bezpieczne. To znaczy jedynie tyle, że innym jeszcze nie udowodniono szkodliwości. Moim zdaniem prędzej czy później na pewno tak się stanie.

Proste?
Jak słońce.

Prawda jest prawdą tylko wtedy, kiedy jest pozbawiona fałszu.

Moja dieta jest prawdziwa z tego samego powodu.

Wystarczyło dostarczyć swojemu organizmowi czystej Prawdy, żeby sam naprawił to, co było w nim zepsute i sam pozbył się wszystkiego, co jest mu zbędne. Nadwagi też.

ROZDZIAŁ 32

Jogurt i pomidor

Zastanawiasz się pewnie co ja w takim razie jem? Jeżeli nie jem niczego, co można kupić w sklepie?

Ale ja przecież wcale nie napisałam, że nie jem niczego ze sklepu. Napisałam tylko, że nie jem żadnych gotowych produktów spożywczych, które można w sklepie kupić.

Rozumiesz różnicę?

Gotowe produkty spożywcze to takie rzeczy, które zostały z czegoś zrobione, rozdrobnione, wymieszane, sproszkowane, ulepione i tak dalej.

Naturalne produkty spożywcze to to, z czego te gotowe dania zostały zrobione.

Na przykład:

Zupa pomidorowa w proszku. Proszek nie rośnie w przyrodzie, prawda? Ani żadna maltodekstryna, zagęstniki ani stabilizatory.

Albo keczup. Nie rośnie na drzewie. Nie jest naturalnym produktem, tylko został wyprodukowany przez człowieka. I gdyby rzeczywiście człowiek wziął pomidory, wycisnął je, dodał trochę soli i postawił na stole jako sos, nie miałabym nic przeciwko temu.

Ale keczup ze sklepu nie został zrobiony przez człowieka, tylko przez maszynę. W fabryce. Z dodatkiem wielu chemicznych proszków.

A co było na początku tej zupy pomidorowej i keczupu? Pomidor.

No, mówiąc zupełnie szczerze, zupa pomidorowa w proszku najprawdopodobniej nigdy na oczy nie widziała prawdziwego pomidora, bo jest CAŁA zrobiona z chemii, ale zostawmy to na razie.

Pomidor jest produktem naturalnym. Tak? Jest częścią natury.

Wiem, powiesz pewnie, że ten pomidor nie jest tak do końca czysty, bo podlano go chemicznymi nawozami i opryskano chemicznymi substancjami, ale trudno. Trzeba go porządnie wymyć. Nigdy nie kupuj najtańszych, bo najtańsze jedzenie ma niską cenę dlatego, że zawiera najwięcej chemii. Jeśli chcesz – zacznij robić zakupy w ekologicznym sklepie. Albo – jeżeli masz czas – sam wyhoduj swoje pomidory.

Inny przykład. Parówka.

Czy widziałeś kiedyś w naturze żywą parówkę?

Nie widziałeś. Bo parówki nie występują w przyrodzie.

A jeśli nie występują w przyrodzie, to nie są Prawdą.

Są kłamstwem. A jeśli kiedykolwiek zadasz sobie trud sprawdzenia jak robi się parówki, to sam będziesz miał ochotę krzyczeć ze złości.

Parówki robi się z resztek oraz z chemicznych proszków. Nie ma w nich niczego zdrowego. W parówce sztuczne jest wszystko – jej kolor, zapach, smak, jej elastyczność i to, że można ją kroić w plasterki. Każda z tych cech jest regulowana przez inny syntetyczny proszek.

Nie wiedziałaś, że to w ogóle jest możliwe?

Ja też nie. Nie mogłam uwierzyć własnym oczom. Ale sprawdziłam to i jestem tego pewna.

Więcej przykładów? Proszę bardzo.

Jogurt.

Wszyscy mówią, że jest zdrowy. Na opakowaniu jest często napisane, że wspomaga trawienie, zawiera dobroczynne bakterie.

Ale błagam. Czy widziałeś kiedykolwiek jakiś żywy organizm, który zostanie zamknięty do plastikowego pudełka z bardzo szczelną metalową przykrywką i przetrwa w tych warunkach przez dłużej niż kilkanaście godzin?

No, szczerze.

Czy naprawdę sobie wyobrażasz, że żywe kultury bakterii są żywe po kilku dniach od wyprodukowania tego jogurtu?

Nie są.

Są martwe.

Po prostu.

Im dłuższa jest przydatność do spożycia danego produktu, tym więcej jest w nim sztucznej, trującej chemii.

Czy widziałeś kiedyś reklamę jogurtów owocowych? Prawda, że zawsze w tej reklamie są pokazywane piękne, zdrowe, radosne owoce?

Czy wiesz, że jogurt ze sklepu nigdy w życiu nie miał nawet najmniejszego kontaktu z prawdziwymi owocami?

Zdziwiona?

To musiałoby bardzo drogo kosztować – sprowadzić świeże owoce, umyć je, przebrać, oderwać ogonki i zrobić coś, żeby się nie zepsuły.

I tak się tego nie robi.

Producent jogurtu kupuje gotową, zakonserwowaną chemicznie masę, którą inny producent zrobił z owoców. Ale żeby ta jego masa mogła przez wiele miesięcy być sprzedawana, musiał ją mocno podlać chemicznymi substancjami. W przeciwnym razie byłaby zbyt delikatna i zbyt szybko by się zepsuła.

Czy wiesz już co oznacza napis „wsad owocowy"? Właśnie to. Najeżoną syntetycznymi konserwantami i sztucznymi barwnikami masę zrobioną z owoców.

Mam mówić dalej?

Czy wiesz jak się właściwie robi jogurt?

Jogurt robi się sam jeśli do mleka dodasz żywe kultury bakterii.

To jest cały skład naturalnego, prawdziwego jogurtu.

Tylko mleko i zdrowe bakterie. Nic więcej.

A co jest w twoim jogurcie?

Mleko w proszku? Żelatyna? Skrobia modyfikowana? Czy wiesz, że to wszystko to po prostu zabójcza chemia?

No właśnie.

To jest fałsz. I tak długo jak będziesz swoje ciało karmiła kłamstwem, nie uda ci się schudnąć ani zmienić swojego życia na lepsze.

ROZDZIAŁ 33

Prawda i fałsz

Podstawowa zasada diety opartej na Prawdzie brzmi:

Jedz tylko to, co jest Prawdziwe.
Prawdziwe jest to, co zostało stworzone przez naturę.

Proszę bardzo, oto moja lista najbardziej ulubionych rzeczy i takich, które jem codziennie lub prawie codziennie. Jem je w różnych połączeniach i kombinacjach, najczęściej na ciepło, jeżeli to tylko możliwe:

Kasze i zboża:
Kasza jaglana
Kasza gryczana
Kasza jęczmienna pęczak
Kasza quinoa
Ryż brązowy
Ryż dziki

Warzywa:
  Kapusta
  Marchew
  Pietruszka, seler i por
  Buraki
  Ziemniaki
  Kalafior
  Brokuły
  Cukinia
  Pomidory

Warzywa sezonowe:
  Bób
  Bakłażan
  Dynia
  Kabaczek, patison
  Fasolka szparagowa
  Kukurydza
  Brukselka
  Kalarepa
  Botwina
  Rzodkiewki
  Ogórki małosolne

Warzywa strączkowe:
  Soczewica żółta, czerwona, brązowa, zielona i czarna
  Ciecierzyca
  Fasola zwykła
  Fasola czerwona
  Fasola mung
  Groch

Owoce:
Jabłka
Gruszki
Pomarańcze
Grejpfruty

Owoce sezonowe:
Truskawki
Awokado
Jagody i borówki
Czereśnie i wiśnie
Winogrona
Brzoskwinie (uwielbiam!)
Morele (też uwielbiam!)
Arbuz (!!!)
Śliwki

Inne rzeczy:
Płatki owsiane
Suszone owoce – daktyle, morele, figi, rodzynki
Orzechy – najczęściej nerkowce i migdały
Ziarna i nasiona – głównie dyni i słonecznika
Zioła: koperek, nać pietruszki, kolendra, bazylia

Przyprawy:
Cynamon
Kurkuma
Imbir suszony i świeży
Ziele angielskie
Pieprz
Liście laurowe

Kminek
Kmin rzymski
Czarnuszka
Tymianek
Majeranek
Cząber
Macierzanka
Rozmaryn
Mieszanka curry

Podkreślam, że to są rzeczy, które jem najczęściej. Nie jedyne.

Bo w mądrej diecie chodzi o to, żeby jeść wszystko – oczywiście tylko z grupy rzeczy Prawdziwych, naturalnych, bez żadnych syntetycznych dodatków.

To znaczy, że jem też czasem wszystkie inne warzywa i owoce, jakie przyjdą ci do głowy – choćby szpinak, ogórki albo szparagi.

Jem czasem sałatę na zimno, ale właściwie tylko latem albo w tropikach.

Uwielbiam banany, ale jem je tylko w tropikach, bo w Europie są zalane i przesiąknięte chemicznymi truciznami.

Nie jem w ogóle mięsa ani żadnych wyrobów mięsnych. Nie jem też nabiału ani jajek. Dodam tylko, że kiedyś je uwielbiałam i trudno byłoby mi sobie wyobrazić życie bez mojego ulubionego twarogu z czosnkiem i szczypiorkiem.

Ale wiesz co. To dziwna sprawa.

Dbam o siebie

Wiem, że każda rzecz,
jaką zjem i wypiję,

będzie miała
określone działanie.

Albo mnie wzmocni,
albo osłabi.

Dlatego świadomie
wybieram
to co jem i piję.

Uwielbiałam ten twaróg w czasach, kiedy jadłam różne niezdrowe rzeczy – dietetyczne jogurty, zupy z proszku, chleb z supermarketu.

Kiedy przeszłam na stuprocentowo zdrowe i Prawdziwe jedzenie, przestałam mieć ochotę na wszystko, co jest takie nie jest. Mleko i produkty mleczne obciążają organizm, są trudne do strawienia i powodują wypłukiwania wapnia z kości. Nie są zdrowe. I naprawdę daję słowo honoru, że chociaż kiedyś bardzo je lubiłam, teraz w ogóle mi ich nie brakuje!!!

I oczywiście nie jem i nie piję niczego, co jest sztucznie wyprodukowane, czyli białego cukru i alkoholu.

Nie palę papierosów ani marihuany.

Nie zażywam żadnych innych substancji zmieniających świadomość.

Jakieś pytania?

Nie wiedziałaś, że biały cukier jest sztuczny?

A czy widziałaś gdzieś na krzaku owoce z cukrem w środku?

Biały cukier to inaczej sacharoza – czysto chemiczna substancja.

To samo dotyczy alkoholu.

Przemysłowo produkowany alkohol to syntetyczna, sztuczna substancja, o której wiadomo na pewno, że szkodzi. Dlatego nie wolno jej podawać nieletnim. Czy sprawdziłaś kiedykolwiek dlaczego właściwie alkohol szkodzi i w jaki sposób?

Pewnie nie.

Nie dziwię się, bo ja też przez wiele lat nie wpadłam na ten pomysł. Zaczęłam się tym interesować dopiero wtedy, kiedy postanowiłam ustalić ponad wszelką wątpliwość co jest Prawdziwe, a co jest Fałszem.

Alkohol zdecydowanie należy do Fałszu.

Alkohol uszkadza wewnętrzne narządy w twoich komórkach. Krótko mówiąc: doprowadza powoli twoje wewnętrzne miasto do stanu ruiny.

I jak tam?
Czujesz się przerażona? Zniechęcona?
Czy wprost przeciwnie?
Czy jesteś gotowa na Prawdę?

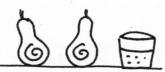

ROZDZIAŁ 34

Fałszywa żywność

Zdrowe, szczupłe, sprawne i silne ciało można uzyskać tylko w jeden sposób – poprzez zdrowe życie i zdrowe myślenie.

Jeżeli chcesz jak najszybciej zrzucić kilogramy i nie interesuje cię to czy za rok będziesz zdrowa czy chora, silna czy słaba, to ta książka raczej nie jest dla ciebie.

Bo ja chcę ci powiedzieć co zrobić, żeby *zawsze* mieć szczupłe, zdrowe i silne ciało, przestać chorować, mieć w pełni sprawny umysł i z radością z niego korzystać, a w dodatku czuć się szczęśliwym człowiekiem.

I do tego ma cię doprowadzić moja dieta.

Tak, to prawda. Moja dieta jest trudniejsza niż łykanie co rano tabletki odchudzającej. Ale warto jest czasem zrobić coś trudnego, bo dzięki temu zyskujesz wewnętrzną siłę. A tabletka odchudzająca niczego nie zrobi „za ciebie". Ona tylko w mechaniczny sposób zmusi do czegoś komórki w twoim ciele i nie masz absolutnie żadnej gwarancji, że twoje komórki zechcą jej posłuchać.

A poza tym każda taka tabletka czy proszek wyszczuplający to czysty fałsz – taki sam jak alkohol czy biały cukier. Sztucznie zrobiony w laboratorium chemicznym. Syntetyczne kłamstwo, które ma zmusić twój organizm do sztucznego zachowania. To nie może być dobre i skuteczne. Po prostu nie może. Bo fałsz na dłuższą metę po prostu nie ma szans.

Prędzej czy później zostanie tylko prawda.
Prędzej czy później ty zostaniesz z prawdą o sobie samej.
I wtedy znów będziesz miała wybór: albo ją jeszcze raz zafałszować syntetycznymi wspomagaczami, pójść na skróty, byle szybko i tanio.

Albo raz w życiu spróbować zbudować coś trwałego i wartościowego, co będzie prawdziwe, cenne i zostanie z tobą na zawsze.

Tym się różni prawda od fałszu.
We wszystkich dziedzinach życia, w diecie też.

Fałsz to byle jakie, tanie, szybkie, syntetyczne, sztuczne rozwiązanie, najczęściej oferowane ci w promocji pod hasłem w rodzaju „Tylko teraz! Specjalnie dla ciebie!". Fałsz najczęściej jest szeroko reklamowany, ponieważ bez tej reklamy po prostu by się nie sprzedał. A reklama ma go dodatkowo zafałszować, tym razem z pomocą ekipy wyszkolonych do manipulacji specjalistów od marketingu.

Nie zrozum mnie źle. Nie jestem przeciwko reklamie jako takiej. Jestem zdecydowanie przeciwko reklamie, która kłamie. Na przykład przeciwko reklamie soków owocowych z kartonu, dla których dział marketingu wymyślił chwytliwe hasło sugerujące, że picie soku z kartonu może zastąpić jedzenie zdrowych owoców i warzyw.

Dział marketingu dostał zlecenie i wykonał swoją pracę. Panowie z tej firmy pewnie nawet nie wiedzą w jaki sposób jest produkowany ten sok.

A prawda o soku z kartonu jest taka, że został zrobiony z koncentratu konserwowanego syntetycznymi środkami. Nie ma nic wspólnego z prawdziwymi, świeżymi owocami i warzywami. A jednak jest reklamowany za pomocą zdjęć pięknych jabłek, gruszek, pomarańczy. To straszne kłamstwo. Ale jak dotąd – jest legalne.

Fałsz jest zawsze kłamstwem. Jest czymś innym niż udaje, że jest.

Syntetycznie wyprodukowana witamina jest czymś zupełnie innym niż witamina zawarta w owocach. Jest inaczej przyjmowana przez organizm i inaczej na niego działa.

I dlatego jeżeli łykasz tanie tabletki z witaminą C albo magnezem, to łykasz fałsz zamiast karmić się prawdą. A każdy fałsz ma to do siebie, że jest obcy,

nieprzewidywalny, może się niespodziewanie złamać w pół i zapaść jak spróchniały most, może zadziałać zupełnie inaczej niż było napisane na opakowaniu i pociągnąć ciebie w czarną dziurę choroby, depresji, otyłości i innych dolegliwości.

Fałszem jest to, co człowiek usiłuje tanio i masowo wyprodukować, używając do tego syntetycznych substancji i proszków dla obniżenia ceny, obniżając jednocześnie jakość i udając, że jest to produkt prawie jak naturalny.

Prawdą jest to, co stworzyła natura, bo jest to skomponowane w taki sam genialny sposób jak wszystko, co znajduje się w twoim ciele i po prostu najlepiej do ciebie pasuje. Przyroda nigdy nie robi niczego dla zysku i nigdy nie obniża jakości swojego towaru, żeby taniej go sprzedać w promocji.

Rozumiesz?

Prawdą jest to, co jest najczystszą jakością, co jest stuprocentowo prawdziwe i złożone tylko ze stuprocentowo najwyższej jakości składników.

Kiedyś cała żywność taka była.

Potem człowiek zaczął budować fabryki i konkurować z innymi sprzedawcami. Niechcący doprowadził do tego, że żywność stała się narzędziem walki o zysk. I właśnie dlatego prawie wszystko, co możesz kupić dziś w sklepie, jest skażone sztucznymi, syntetycznymi – czyli fałszywymi – dodatkami. One miały obniżyć cenę, ale w praktyce doprowadziły do tego, że żywność przestała być ŻYW-nością, a stała się NIEŻYW-nością.

Mam na myśli produkty przetworzone, czyli takie, z których zrobiono coś, co wygląda inaczej niż to, z czego to zostało zrobione. Na przykład chleb, olej, wędlinę, ser. W czystej, zdrowej formie bez chemicznych „ulepszaczy" możesz je znaleźć tylko w sklepach z ekologiczną żywnością.

Na szczęście wciąż można kupić dowolne ilości zwyczajnych, normalnych i jak najbardziej prawdziwych produktów nieprzetworzonych – czyli na przykład suszony groch i fasolę, owoce, warzywa, płatki owsiane, różne kasze, ryż, orzechy, nasiona i wiele innych rzeczy. Możesz je kupić w każdym sklepie. Ale pewnie dawno już nie zaglądałaś na te półki, bo wszyscy dookoła ciągle popędzają cię do większego galopu i mówią, że wystarczy wziąć tabletkę, żeby osiągnąć dowolny cel.

Nie wierz im. To kłamstwo.

Wystarczy jeśli spojrzysz na skład dowolnej tabletki albo napoju, który ma ci dostarczyć energii. To tylko chemia, czyli fałsz i prosta droga do samounicestwienia.

Jeśli coś jest fałszem, nie może być jednocześnie prawdą.

A tylko prawda jest stuprocentowo bezpieczna, skuteczna i trwała.

ROZDZIAŁ 35

U – jak Uczciwość

Uczciwość zaczyna się od podjęcia zobowiązania wobec samego siebie, że niezależnie od okoliczności, jest się zawsze wiernym Prawdzie.

Drugi stopień uczciwości to dotrzymanie tego zobowiązania.

Trzeci stopień to świadome i aktywne poszukiwanie Prawdy.

Rozumiesz co to oznacza w praktyce?
Weźmy choćby uczciwość w miłości.

Podejmuję decyzję, że chcę być uczciwa w związku. Uczciwość oznacza, że nie okłamuje się ani siebie, ani drugiej osoby i nie manipuluje się nią w celu uzyskania określonego celu.

– Och, oczywiście – na pewno chętnie zgodzisz się ze mną w teorii. Bo w teorii wszystko wygląda miło.

Oto więc krótkie pytanie naprowadzające:
– Czy lubisz i szanujesz swojego chłopaka/narzeczonego/ męża w taki sam sposób, jak lubisz i szanujesz innych ludzi, których cenisz i poważasz?

O, widzę, że już się na chwilę niepewnie zatrzymałaś i zastanawiasz się. I pewnie wymijająco masz ochotę powiedzieć coś w rodzaju:
– No, ale przecież każdy człowiek jest inny. Chyba nie można mówić, o tym, że lubi się każdego dokładnie tak samo.
Albo:
– No, wiadomo, lubię go, przecież dlatego jest moim chłopakiem.

Ale ja nie pytam o to, co chciałabyś ogłosić całemu światu. Ja pytam o to, co siedzi najgłębiej w twojej duszy. Pytam o te myśli, które tylko ty znasz, bo nikt inny nie ma do nich dostępu.

Rozumiesz?

Spróbuj na chwilę przestać być grzeczną dziewczynką, która zachowuje się tak, jak powinna, bo jest dobrze wychowana.
Pytam o twoje *prawdziwe* myśli.

Czy zdarza ci się nienawidzić swojego chłopaka? Czy zdarza ci się go okłamać? Czy jesteś dla niego czasami ujmująco miła, żeby on zrobił coś, na czym ci zależy? Czy myślisz czasem, że masz go cholernie dość? Czy myślisz czasem, że lepiej byłoby się rozstać?

Jeśli masz takie myśli, to znaczy, że wcale TAK NAPRAWDĘ swojego chłopaka nie szanujesz – chociaż oczywiście bardzo byś chciała, żeby tak było i masz najlepsze intencje.

To jest właśnie uczciwość na tym drugim poziomie – czyli odwaga, żeby usłyszeć swoje własne emocje i myśli, i nazwać je po imieniu. To jest uczciwość wobec samego siebie, czyli nieunikanie niewygodnej prawdy. Bo oczywiście łatwiej byłoby udawać, że nie masz takich myśli i przemilczeć je przed samą sobą, ale takie udawanie i przemilczanie to odwrotność uczciwości, czyli nieuczciwość. Czyli kłamstwo. A jak już wiesz, kłamstwo ma krótkie nogi i zawsze prędzej lub później runie na pysk. To wtedy pojawia się „zaskakujące i nieoczekiwane" rozstanie, zdrada, rozwód. Naprawdę nieoczekiwane? Naprawdę zaskakujące? Jeśli sama byłaś wcześniej nieuczciwa, czego się spodziewasz?

Pójdźmy o krok dalej.

Trzeci krok uczciwości polega na tym, żeby zatrzymać się i zastanowić skąd się biorą takie myśli i o czym one świadczą?

Ja tak kiedyś zrobiłam. I byłam ze sobą uczciwa aż do bólu. Odkryłam, że tak naprawdę wcale nie zależało mi na tym konkretnym gościu. Ja chciałam być z kimś. Z kimkolwiek. Bo dopóki z kimś byłam, czułam się bezpieczna.

Czy rozumiesz na czym polega ta nieuczciwość? Okłamywałam samą siebie i mojego chłopaka. Używałam go instrumentalnie do zapewnienia sobie lepszego samopoczucia i bezpieczeństwa. Robiłam to oczywiście nieświadomie i niechcący, ale jednak to robiłam!

I dlatego ten związek musiał się rozpaść – ponieważ nie było w nim uczciwości.

Rozumiesz?
To teraz przenieśmy to na jedzenie.

Pierwszy stopień uczciwości polega na tym, żeby podjąć wobec siebie zobowiązanie, że będę jadła tylko zdrowe rzeczy, czyli tylko takie, które dostarczają mi pozytywnych, odżywczych składników.

Drugi stopień uczciwości polega na tym, żeby być wiernym sobie. Jeżeli uczciwie postanowiłam, że chcę być stuprocentowo uczciwa wobec mojego organizmu i nie wrzucać do niego żadnych śmieci, to po prostu nigdy nie sięgam po rzeczy, o których wiem, że są szkodliwe.

W praktyce to oznacza, że nigdy przenigdy nie jem fast foodu, nie piję słodzonych gazowanych napojów, nie jem niczego z puszki, z proszku ani z pudełka, nie piję alkoholu i nie jem niczego, co zawiera jakikolwiek syntetyczny, sztuczny dodatek – taki jak choćby biały cukier, aspartam, kwas cytrynowy, syrop glukozowo- -fruktozowy, glutaminian sodu i podobne.

Trzeci stopień uczciwości polega na tym, żeby aktywnie i świadomie szukać informacji o tym, z czego

jest zrobiona dana rzecz oraz czym w rzeczywistości są te składniki, których nie znam.

Proste?

Uczciwość w jedzeniu to po prostu zobowiązanie przed samą sobą o uczciwym przestrzeganiu zobowiązania o jedzeniu tylko zdrowych rzeczy.

Nigdy nie oszukuję samej siebie.

W praktyce to oznacza, że kiedy w sklepie widzę cudownie pachnącego pączka, ale nie wiem kto go zrobił ani z czego, to po prostu najzwyczajniej w świecie nigdy go nie kupię i nie zjem.

To oznacza, że nawet kiedy bardzo chce mi się pić, a na statku czy w pociągu jest dostępna tylko zimna cola, to nie wypiję tej coli, bo wiem, że jest zrobiona z cukru, wody i chemicznych dodatków.

I to wcale nie wymaga żelaznego samozaparcia czy gigantycznie silnej woli.

Ja uczciwie wobec samej siebie wiem, że to jest dla mnie niedobre i dlatego nigdy po to nie sięgam.

Więcej powiem – ja po to po prostu nie mam ochoty sięgnąć!

Jestem głęboko przekonana o tym, że jedyną możliwą drogą życia i działania w jakiejkolwiek dziedzinie jest uczciwość. Mam tę uczciwość tak głęboko wbudowaną w siebie, że ona działa jak naturalny środek odstraszający wszystko, co mogłoby ją zakłócić.

Wszystkie produkty
reklamujące się
jako
"light"
albo "diet"

to najbardziej trujące
rzeczy w sklepie

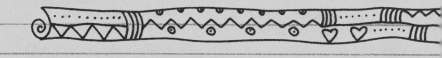

Kiedyś tak oczywiście nie było. Nie dostałam uczciwości w prezencie. Kiedyś wolałam udawać, że nie pamiętam o tym, że używanie kuchenki mikrofalowej jest niezdrowe. Coś tam słyszałam, coś tam czytałam, ale nie chciało mi się przyłożyć do tego większej uwagi, bo podświadomie czułam, że ta prawda może być dla mnie niewygodna. Bo wtedy nie będę mogła już sobie beztrosko przygrzać obiadu w mikrofali, tylko za każdym razem będę się musiała zastanawiać czym to grozi.

To było nieuczciwe z mojej strony.

Ja udawałam, że czegoś nie wiem, bo tak było dla mnie wygodniej.

Oszukiwałam samą siebie.

Jadłam jogurty z aspartamem, bo chciałam schudnąć, a kiedy ktoś gdzieś wspomniał, że aspartam jest szkodliwy, tylko wzruszałam ramionami. Myślałam wtedy coś w rodzaju:

– Phi! Szkodliwy! Przecież inne jogurty są z cukrem, który na pewno jest jeszcze bardziej szkodliwy i tuczący!

I nawet przez myśl mi nie przeszło, że prawdziwe UCZCIWYM rozwiązaniem w tej sytuacji byłoby:
- sprawdzenie co to jest ten aspartam i w jaki sposób jest szkodliwy,
- zrezygnowanie z jedzenia jogurtów słodzonych zarówno cukrem, jak i aspartamem.

Na to byłam zbyt wygodna. Ja chciałam jeść słodki jogurt, bo przyjemnie mi się po nim robiło. I zupełnie nie kojarzyłam wtedy takich pozornie nieznaczących faktów jak uporczywa biegunka i bóle brzucha.

Na całe szczęście to było dawno temu.

Bo im bardziej trenowałam się w uczciwości, tym jaśniej widziałam różne sprawy.

Nagle dla samej siebie zapragnęłam dowiedzieć się jak to naprawdę jest z mikrofalówką. Poszukałam. Znalazłam. Przeczytałam. Zrozumiałam. I nigdy więcej nie włączyłam mikrofali.

Tak samo było z aspartamem.

Z dnia na dzień podjęłam decyzję, że nigdy więcej nie tknę tego świństwa. Wyrzuciłam zapas moich ulubionych jogurtów z lodówki. A, przepraszam, zanim je wyrzuciłam, przeczytałam co jeszcze mają w składzie i tym razem sprawdziłam czym są te stabilizatory, regulatory, zagęstniki i tak dalej. I aż ciarki zaczęły mi latać po skórze, że przez tyle czasu wrzucałam do siebie taki śmietnik!!!

Rozumiesz?
Uczciwość to odwaga w poszukiwaniu prawdy.

ROZDZIAŁ 36

Wyspa Atlantydów

To zabawne jak czasem działa ludzka podświadomość.

Wyobraź sobie, że powstaje firma, która nazywa się YBAF.
To skrót od angielskich słów *Your Best Adviser and Friend*,
czyli Twój Najlepszy Doradca i Przyjaciel.

Jest rok 2050. Na Ziemię przybyli potomkowie mieszkańców Atlantydy. Są mądrzy, przyjaźni, kryształowo uczciwi
i posiadają tak ogromną wiedzę, o jakiej nam się nawet
nie śniło.

Atlantydowie bardzo długo błądzili w kosmosie w poszukiwaniu drogi powrotnej na Ziemię. Wreszcie im się to
udało. Wylądowali, rozejrzeli się i zdziwili się, że współczesne
cywilizacje żyją w tak wielkim zakłamaniu i fałszu, w pogoni
za zyskiem, pieniędzmi i wiecznie uciekającym czasem.

Przywieźli ze sobą atlantydzkie skarby, byli więc bajecznie bogaci. I całe swoje bogactwo bez wahania przeznaczyli na pomoc ludzkości.

Jedną z pierwszych rzeczy, jakie zrobili, było założenie firmy YBAF. Szybko sklonowali najmądrzejszych spośród siebie i wyposażyli ich w podstawową wiedzę dotyczącą zdrowego odżywiania się i trybu życia. Jednocześnie zakodowali w nich chęć poszerzania tej wiedzy i poszukiwania nowych źródeł informacji.

Ponieważ – tak jak pisałam wcześniej – Atlantydowie byli multi-multimilionerami, nie założyli tej firmy dla zysku.

Ogłosili, że każdy człowiek na Ziemi może bezpłatnie wynająć swojego osobistego AF (*Adviser-Friend*, czyli Doradcę-Przyjaciela). Ten AF będzie zawsze przy tobie, będzie zawsze dla ciebie miły, zawsze będzie się uśmiechał i zawsze w przyjazny i troskliwy sposób będzie ci doradzał co jest dla ciebie dobre i ostrzegał przed tym, co jest dla ciebie szkodliwe.

Nie będzie cię oczywiście do niczego zmuszał ani namawiał.

Będzie ci tylko przez cały dzień i przez całą noc – jeśli będzie taka potrzeba – służył swoją wiedzą, radą i wsparciem.
Zawsze będzie przy tobie.

Kiedy ktoś poczęstuje cię nadziewaną czekoladą pełnomleczną, on powie:

— Kochana moja, czytałem składniki na opakowaniu tej czekolady. Przypominam ci, że pełnomleczna czekolada jest zrobiona prawie wyłącznie z rzeczy, które są nienaturalne, czyli syntetyczne, chemiczne i szkodliwe dla ciebie. Nie ma w niej wcale mleka, tylko jest chemicznie oczyszczone mleko w proszku. Jest w niej szkodliwy tłuszcz roślinny i jest biały cukier, który — jak wiesz — jest sztuczny i szkodliwy, bo rozstraja twoje emocje i niszczy twój układ odpornościowy.

Wiem, że lubisz smak czekolady, ale z całego serca radzę ci nie jeść tej czekolady pełnomlecznej. Jeżeli czujesz, że masz ochotę na coś słodkiego, proponuję ci kilka suszonych daktyli, które specjalnie dla ciebie kupiłem wczoraj i włożyłem do twojej torebki, żebyś zawsze je miała pod ręką. A jeżeli uważasz, że koniecznie chcesz zjeść czekoladę, to wybierz czekoladę gorzką bez sztucznych dodatków.

Mówię to dlatego, że cię kocham i chcę cię wspierać w drodze do zdrowia. Chcę cię chronić przed tym, co jest dla ciebie szkodliwe.

A jeśli na przykład twój osobisty Doradca-Przyjaciel widzi, że umordowana i głodna wychodzisz z pracy i otwierasz drzwi do baru fast food, on chwyta cię za rękę i mówi:

— Moja Najdroższa Przyjaciółko! W lewej kieszeni masz opakowanie orzechów i nasion, są też twoje ulubione migdały i pestki dyni. Zjedz je teraz, żeby się wzmocnić, a potem zaprowadzę cię do wegańskiego baru. To tylko kilka ulic dalej, czas nam szybko zleci na rozmowie.

W tym fastfoodowym barze nie ma niczego, co cię wzmocni. Są tylko dania z pustymi kaloriami, jedzenie śmieciowe, czyli takie, które nie dostarczy ci niczego, czego potrzebujesz do życia. Sam tłuszcz, sól i cukier. Błagam, nie rób tego. Będziesz się potem źle czuła, opadniesz z sił.

Zabieram cię do wegańskiego baru, gdzie zjesz porcję ryżu, soczewicy i warzyw, a zaczniemy od gorącej pysznej zupy z pomidorów. Chodźmy, chodźmy, chodźmy, tutaj w barze fastfoodowym jedzą tylko ci, którzy w ogóle nie dbają o to jak będzie wyglądało ich życie i zdrowie za dziesięć czy piętnaście lat. Ale ja ciebie kocham! Ja dbam o ciebie! Ja chcę, żebyś była zdrowa!

Albo na przykład jesteś w sklepie, robisz zakupy i widzisz szklaną ladę pełną pachnących wędlin. W głowie od razu wyświetla ci się film: świeża pajda chleba, wiejskie masełko i plasterek świeżej szynki... I na to kapka majonezu, tak jak w reklamie. Ach, ci ludzie w reklamach zawsze tak smakowicie wyglądają! Olśniewająco białe zęby, czyste ubrania, radosne uśmiechy! Może to ta szynka tak na nich działa? Albo ten majonez? Albo wiejskie masło?

I już robisz krok naprzód i już otwierasz usta... a tuż obok ciebie staje Doradca-Przyjaciel. Przytula cię. Czujesz jego mocne, przyjazne ramiona i ogarnia cię spokój. Już wiesz, że nie potrzebujesz żadnego majonezu do tego, żeby lepiej się poczuć.

– Moja kochana dziewczynko – mówi Doradca-Przyjaciel. – Ponieważ cię kocham, opiekuję się tobą najbardziej troskliwie, jak potrafię. Jeżeli masz ochotę na szynkę, zaprowadzę cię do sklepu, gdzie wędliny są zrobione z mięsa z ekologicznej hodowli, czyli gdzie zwierzęta żyją spokojnie, skubią prawdziwą trawę, oddychają świeżym powietrzem i mają kontakt ze słońcem. Są zdrowe i swobodne.

Tutaj w tym sklepie nie wiesz skąd pochodzą wędliny ani jak zostały zrobione. Najprawdopodobniej mięso pochodzi z przemysłowej hodowli, gdzie zwierzęta cierpią, są karmione antybiotykami i syntetyczną karmą, która ma je jak najszybciej utuczyć. To jest nie tylko niehumanitarne, ale i zabójcze dla twojego zdrowia. A potem co się dzieje z tym mięsem? Zostaje przemielone, nafaszerowane chemicznymi substancjami, które nadadzą mu różowy kolor i przedłużą trwałość, upchnięte w formy i obdarzone ładną nazwą. I trafia do sprzedaży.

Czy naprawdę chcesz zjeść wędlinę składającą się z chemicznych proszków, soli i mięsa z nieszczęśliwych zwierząt? Czy nie sądzisz, że to byłoby nieuczciwe wobec samej siebie? I wobec tych biednych zwierząt, które zginęły w obozie koncentracyjnym?

Chodź, zabiorę cię do sklepu, gdzie sprzedaje się tylko zdrową żywność. Albo może zamiast chleba z szynką ugotujemy dzisiaj razem fasolkę szparagową z dodatkiem nasion sezamu?

Posłuchałabyś go, prawda?
I gdyby w twoim mieście powstała filia YBAF – oczywiście autoryzowana przez Atlantydów i przez nich sponsorowana

– chciałabyś wynająć też własnego Doradcę-Przyjaciela, prawda?

No właśnie.

Wiesz dlaczego na początku tego rozdziału napisałam, że ludzki umysł pracuje czasem w zabawny sposób?

Bo odkąd jesteśmy dziećmi, uczy się nas, że zawsze musimy być zdani na kogoś. Że sami jesteśmy zbyt głupi i zbyt bezwartościowi, żeby prowadzić mądre życie i podejmować mądre decyzje.

Oczywiście mam na myśli podświadome komunikaty – choćby te wynikające z systemu ocen w szkole. Często w szkole nie liczy się kreatywność, wyobraźnia, inteligencja, bo najwyżej oceniane są te prace, które pasują do wcześniej przygotowanego schematu.

To właśnie uczy dzieci bierności, odbiera im inwencję, niszczy wyobraźnię.

W dorosłym życiu jest tak samo.

Wszystko musi być zgodne ze schematem, dyrektywami albo tak, jak robią wszyscy. To zabija samodzielność i nawet nie wiesz kiedy przestajesz się czuć odpowiedzialna za samą siebie. Bo wszyscy ci zawsze powtarzali, że masz pasować do schematu, o resztę się nie martw, bo schemat o ciebie zadba.

Rozejrzyj się jak schemat o ciebie zadbał.

W sklepie masz do wyboru tysiące produktów, z których 99% niszczy twoje zdrowie, bo są pełne chemii.

To co jest napisane na opakowaniu, najczęściej zwyczajnie kłamie.

Weź pierwsze z brzegu dietetyczne płatki śniadaniowe. Zrobione specjalnie dla ciebie, bo ty chcesz wreszcie schudnąć. Na obrazku – cudownie szczupła laseczka z centymetrem w talii. W składzie – cukier albo syrop glukozowo-fruktozowy, czyli dwie supertuczące substancje wyprodukowane w laboratorium chemicznym, w towarzystwie innych trujących dodatków, takich jak emulgatory, fosforan trójsodowy, przeciwutleniacz, lecytyna sojowa, guma arabska i tak dalej, i tak dalej, i tak dalej...

Mam mówić dalej?

Nie szukaj kogoś, kto zaopiekuje się twoim życiem. Ty zaopiekuj się sobą już dziś!

ROZDZIAŁ 37

M jak Miłość

Czy rozumiesz na czym polega Miłość? Żeby kochać siebie tak, jak kochałby ciebie najlepszy przyjaciel.

Wiem, że to jest trudne i że trzeba się tego nauczyć, bo ja kiedyś też miałam z tym problem.

Przez wiele lat czekałam potulnie w kącie, wypłakując sobie oczy. Tak bardzo chciałam, żeby ktoś się mną zaopiekował! Przytulił, pogłaskał i powiedział, że od tej pory już zawsze będzie dobrze, bo on jest silny i mądry i on mnie poprowadzi przez życie.

AAAAAAAAAAAAAAAAAAAAAAAA!!!!

Można tak czekać do końca świata.
Wiesz dlaczego?
Dlatego że taki układ nie istnieje w przyrodzie.
Rozumiesz?

Nikt nigdy nie znajdzie się w twojej duszy i w twoich myślach i nikt nigdy nie będzie ciebie znał i kochał tak dobrze, wiernie i całkowicie, jak ty sama.

Bo tak właśnie jest skonstruowany świat.
Ty jesteś zawsze ze sobą i zawsze ze sobą będziesz.

Jeśli jesteś też z kimś, to fantastycznie. Bycie we dwoje to podwójnie wielka przyjemność i radość z życia. To możliwość doświadczania i dzielenia się tym doświadczeniem.

Tak właśnie powstają szczęśliwe związki. Kiedy każda z osób w związku jest szczęśliwa z samą sobą, jest też w stanie być szczęśliwa z kimś.

Nie inaczej.

Rozumiesz?

Kiedy ja czekałam na kogoś, kto mnie pokocha i nada sens mojemu życiu, czułam się samotna i nieszczęśliwa. I podświadomie chciałam, żeby ten ktoś, kto wreszcie się pojawi w moim życiu, uwolnił mnie od tej samotności i smutku.

A to nigdy nie może się udać.

To jest przerzucanie odpowiedzialności za swoje życie na drugą osobę. Prędzej lub później ta druga osoba będzie miała ochotę uciec, bo nikt nie jest w stanie żyć za dwoje. Każdy żyje za siebie. I wtedy ma się czym dzielić z osobą, którą kocha.

I teraz zobacz:
Nasza zachodnia cywilizacja uczy nas, żebyśmy dostosowali się do schematu, to będziemy bezpieczni.

Jem tylko

PRAWDZIWĄ żywność.

Czyli jem tylko to,
co nie zawiera
żadnych
syntetycznych dodatków

I ty przez całe życie czekasz aż pojawi się dla ciebie odpowiedni schemat pod postacią mężczyzny. Wtedy twoja wytresowana do schematów podświadomość wtuli się w niego i zacznie oczekiwać, że on naprawi to wszystko, co w twoim życiu jest zepsute.

Nie wiem jak długo już czekasz, ale powiem ci prawdę: To się po prostu nigdy nie zdarzy.

Obudź się.
Otrzyj oczka.
Weź odpowiedzialność za to jak wygląda twoje życie.
Tylko ty jesteś w stanie skutecznie je zmienić.
Tylko ty masz moc podejmowania decyzji w tej sprawie.
Tylko ty możesz zadbać o siebie i być dla siebie najlepszym Doradcą-Przyjacielem na całe życie.

Rozumiesz?
Ja tak właśnie zrobiłam.

Ja jestem dla siebie tym Doradcą-Przyjacielem z Atlantydy. Jeśli czegoś nie wiem, szukam informacji. Lubię się uczyć. Uczę się, bo chcę korzystać z tej wiedzy, żeby lepiej o siebie dbać.

Rozumiesz?

Miłość do samego siebie polega na tym, żeby być dla siebie Mędrcem i Przyjacielem do końca życia.
To właśnie ten Doradca-Przyjaciel poprowadzi cię przez dietę w możliwie najlepszy i najzdrowszy sposób. Będzie

ci radził co jeść i tłumaczył dlaczego nie warto sięgać po rzeczy, które ci szkodzą.

Ty możesz być słaba i miotana rozterkami.
Twój wewnętrzny Doradca-Przyjaciel zawsze wie co jest dla ciebie dobre. Wystarczy go zapytać.

Rozumiesz?
Ja tak właśnie robię.

Zdarza mi się przechodzić obok piekarni, skąd tak cudownie pachnie chleb, że przyciągnięta tym zapachem wchodzę do środka. Patrzę na bochenki. Piękne. Razowe, żytnie, ze słonecznikiem albo pestkami dyni.
Ale mój Doradca-Przyjaciel mówi:
– Na tych chlebach nie ma podanych składników. Wiem, że teraz chleb produkuje się masowo z dodatkiem kilkudziesięciu różnych chemicznych proszków. Nie wiesz czy tak jest w tym przypadku.
– Czy ma pani jakiś chleb na zakwasie? – pytam sprzedawczyni.
– No, mam, ten – pokazuje na jeden z bochenków.

Leży luzem, sprzedawany na wagę. Nie ma etykiety ani listy składników.
– Z jakiej mąki jest zrobiony?
– Z żytniej – odpowiada bez wahania sprzedawczyni.
– A z czego jeszcze?
– No – sprzedawczyni wzrusza ramionami. – Z mąki, wody, zakwasu... Z tego, z czego zazwyczaj robi się chleb.
– Dziękuję – mówię i wychodzę.

To zabawne.

Kiedyś chleb robiło się z mąki, wody i zakwasu.

Teraz do chleba dodaje się „nowoczesnych" dodatków, które sprawią, że nie będzie czerstwiał, będzie odpowiednio pachniał, nie spleśnieje, będzie miał możliwą do przewidzenia lepkość i tak dalej. Wiesz, że jest nawet zakwas w proszku? A każdy z tych „nowoczesnych" dodatków to chemia obca ludzkiemu organizmowi.

Nie chcę jej jeść.

Więc chociaż zapachy w piekarni mnie kuszą, ja sama wyprowadzam siebie ze sklepu i bez żalu idę dalej. Ja – mój Przyjaciel i Doradca – radzę sobie nie jeść tego, co może mi zaszkodzić.

Rozumiesz?

Zapytałam cię w poprzednim rozdziale czy gdyby w twoim mieście Atlantydowie otworzyli firmę YBAF i gdybyś mogła za darmo wynająć sobie mądrego i kochającego Doradcę-Przyjaciela do spraw diety, to czy byś to zrobiła?

Przypuszczam, że chciałabyś takiego mieć.
I masz go!
To ty nim jesteś!!!

Zobacz, czy to nie jest fantastyczne?
Nie musisz już dłużej czekać!
Nie musisz czekać aż w 2050 roku na Ziemi wylądują Atlantydowie (być może ☺) ani na dzień, kiedy

w twoim mieście otworzą firmę YBAF (przypomnę: *Your Best Adviser—Friend*, Twój Najlepszy Doradca-Przyjaciel).

Nie musisz czekać.
Bo ty jesteś dla siebie najlepszym opiekunem świata.
Kochaj siebie.
Bądź dla siebie przyjacielem.
Dbaj o siebie.

Kiedy zaczniesz się kierować miłością i przyjaźnią do samej siebie, twoja dieta okaże się najprostszą rzeczą na świecie.

ROZDZIAŁ 38

A jak...

Gdybym miała dodać jeszcze jedną literę do PUM (P-Prawda, U-Uczciwość, M-Miłość), to na pewno byłaby to litera A.

A jak Atlantyda.

A jak:
– Ach, jestem szczęśliwa!

Wiesz czym różni się śmieciowe jedzenie od jedzenia zdrowego?

Tym, że po zjedzeniu czegoś, co jest zdrowe i pełnowartościowe, czyli odżywia twoje komórki, czujesz się szczęśliwa. Po prostu. Czujesz się silna i szczęśliwa.

I za to najbardziej lubię moją dietę.

Dbam o moje wewnętrzne miasto. Dostarczam mu najlepsze cegły. Nie kupuję tanich cegieł w promocji od przygodnych sprzedawców i nie wierzę w reklamy, jakie wywieszają na swoich budkach. Sprawdzam to, co jem. Wybieram tylko pełnowartościowe rzeczy bez dodatku chemii.

Budzę się szczęśliwa.
Zasypiam szczęśliwa.

To właśnie tak miało być w moim życiu!

I tak jest.

ROZDZIAŁ 39

Dieta Atlantydzka

Kiedy przestałam czekać aż w moim życiu stanie się cud i jęczeć, że tego cudu wciąż nie ma, zrozumiałam, że będzie tak, jak ja sama swoje życie zorganizuję.

Moja dusza będzie taka, jaką sobie wypracuję.
A moje ciało będzie takie, jak będzie wyglądał mój styl życia.

Ruszyłam powoli. Jak lokomotywa z wiersza Juliana Tuwima. Powoli, ospale, koło za kołem. Krok za krokiem. Myśl za myślą.

Ale nagle odkryłam niesamowitą rzecz!
Czekanie aż coś się zdarzy zabiera bardzo dużo energii!
Myślę, że czekanie, narzekanie i litowanie się nad sobą zużywa znacznie więcej energii życiowej niż bycie aktywnym, robienie czegoś, myślenie i kreowanie swojej rzeczywistości.

Nagle poczułam ulgę!

Zrzuciłam z siebie ciężar oczekiwań, naburmuszenia i szukania winnych.

Nagle byłam lekka! Silna!

I miałam chęć wreszcie robić coś dobrego dla siebie!

Zupełnie nie zdawałam sobie sprawy z tego jak daleka czeka mnie droga. Ale to nic. Po raz drugi zrobiłabym dokładnie tak samo. Dlatego że świadomość, że jestem za siebie odpowiedzialna i własnymi myślami i czynami mam wpływ na moje życie jest fantastyczna i dodaje mi skrzydeł.

Długo czekałam i miałam nadzieję, że pewnego dnia przybędzie do mnie mój osobisty cudowny Atlantyd. Będzie mnie kochał, będzie się o mnie troszczył, będzie wszystko wiedział i zawsze mądrze mi doradzi, będzie moim najlepszym przyjacielem, zawsze będzie miał dla mnie czas i będzie przy mnie zawsze, kiedy potrzebuję. Będzie wiedział o czym marzę i spełniał moje marzenia. Będzie znał moje myśli i uczył mnie bycia lepszym człowiekiem. Będzie uczciwy, dobry i piękny. I będzie mój.

I teraz tak właśnie jest.

Mam mojego Atlantyda. Jest dokładnie taki, jak sobie wymarzyłam.

Opiekuje się mną, powstrzymuje mnie przed zrobieniem czegoś złego albo niemądrego. Podpowiada co jest dla mnie lepsze. Zawsze jest przy mnie. Zawsze mogę na niego liczyć. Nawet kiedy zrobię albo powiem coś głupiego, on mnie

Mam uczciwe intencje.

Moim celem jest
     zdrowie,
         szczęście
               i siła.

Dlatego dbam o siebie.

To znaczy, że nigdy
i w żadnych okolicznościach
      nie jem rzeczy,
   o których wiem,
   że są dla mnie
           szkodliwe

wspiera i przytula. A kiedy jestem szczęśliwa, on się cieszy razem ze mną. Codziennie mówi mi, że mnie kocha. Patrzy na mnie dobrymi, szczęśliwymi oczami. Jest moim najlepszym przyjacielem. Kocham go i zawsze będę go kochać. I wiem, że on kocha mnie i zawsze będzie mnie kochał.

Ja jestem dla siebie moim Atlantydem.
Moje wewnętrze ja jest dla mnie moim Atlantydem.
Moja dusza jest dla mnie moim Atlantydem.

Rozumiesz?
To właśnie oznacza, że nauczyłam się siebie lubić.
Czuję, że jest we mnie dobra, kochająca podświadomość, która wspiera mnie w taki sam sposób, jak ja wspieram i kocham tę cząstkę siebie.

Mam też przyjaciół wśród ludzi. Bo nie chodzi o to, żeby zamknąć się w sobie, a wprost przeciwnie. Posiadanie wewnętrznego przyjaciela dało mi odwagę, żeby wyjść na zewnątrz i spotykać się z ludźmi, bawić się z nimi, rozmawiać, wymieniać poglądy i opinie.
Ten mój wewnętrzny przyjaciel – czy wewnętrzny Atlantyd – jest jak silna skała. Zawsze mogę się o niego oprzeć. Zawsze mogę go zapytać o radę. I on mi zawsze odpowiada.

Teraz pewnie powiesz, że nawet gdybyś ty miała swojego Atlantyda, to nie wiedziałaby co ci odpowiedzieć.

Tak przemawia przez ciebie strach i brak wiary we własne siły.

Gdybyś miała swojego Atlantyda, zrozumiałabyś, że on wie wszystko dlatego, że ty go kochasz. Rozumiesz?

Pewnie nie.

Życzę Ci, żebyś tego doświadczyła. Kiedy to poczujesz, zrozumiesz.

Zmienię w takim razie nazwę mojej diety na Dietę Atlantydzką. Bo najważniejsze jest w niej to, żeby czynić dla siebie dobro. Lubić siebie. Wspierać siebie. Szukać dla siebie najlepszego rozwiązania.

Nie trzeba walczyć.

Nie musisz siłować się z kilogramami twojego ciała ani z własną niechęcią. Nie musisz walczyć z węglowodanami ani kaloriami.

Nie musisz nawet walczyć z tłuszczem!

Bo tłuszcze, węglowodany i kalorie są ci potrzebne! Bo przecież to z nich powstaje twoja siła! To jest paliwo dla twoich komórek i dla twoich wewnętrznych miast!

Chodzi tylko o to, żeby to paliwo było pełnowartościowe, zdrowe i w odpowiedniej ilości.

Rozumiesz?

Ja jem wszystko.

Jem wszystko, co jest zdrowe i pozbawione chemicznych dodatków.

Bo to wszystko, co stworzyła natura, jest ci niezbędnie potrzebne do życia i funkcjonowania. Podkreślam słowa

„co stworzyła natura" i w takiej formie, jaką natura dla ciebie przygotowała.

Orzechy tak. Olej nie.
Pomidory tak. Keczup nie.
Maliny tak. Sok malinowy z kartonu nie.
Ziemniaki tak. Frytki nie.
Ryż tak. Deser ryżowy z pudełka nie.
Grzyby tak. Sos grzybowy z proszku nie.

Rozumiesz?

To jest taka dieta, jaką stosują dzikie zwierzęta żyjące na wolności. Dlatego są zawsze szczupłe i silne. Jedzą tyle, ile potrzebują i w ich jedzeniu nie ma żadnych szkodliwych substancji chemicznych stworzonych przez człowieka dla „ulepszenia" produktu i obniżenia jego ceny.

A ponieważ my – ludzie – mamy też tak fantastyczny wynalazek, jakim jest ogień, do tej dzikiej diety dokładam gotowanie, pieczenie i jedzenie jak najwięcej rzeczy na ciepło.

Zapomnij o kaloriach.

Niskokaloryczny sos do sałatek zawiera kilkanaście sztucznych, chemicznych substancji, które niszczą twój organizm od wewnątrz. I co z tego, że zjesz tylko 50 kalorii, jeśli twoje wewnętrzne miasto z żadnej z nich nie będzie mogło zbudować nawet jednej płyty chodnikowej?

Nie mówiąc już o tym, że jednocześnie będzie cię zmuszało do jedzenia więcej i więcej, bo chemiczne dodatki w tym sosie zablokują twoje leptyny, czyli te hormony, które informują twój mózg, że jesteś najedzona?

Błagam!
To największe kłamstwo kulinarne, jakie znam!

Czy wiesz, że jeżeli zjesz zdrowy, pełnowartościowy posiłek, złożony wyłącznie ze zdrowych składników, bez dodatku przypraw z glutaminianem sodu (czyli np. kostki bulionowej i wszystkich gotowych mieszanek w proszku, płynie czy paście), to będziesz się czuła nasycona? Nie będziesz miała po prostu ochoty na nic więcej i przez następnych kilka godzin w ogóle zapomnisz o jedzeniu?

To jest właśnie zdrowa dieta. Dajesz swojemu organizmowi to, czego on potrzebuje do życia i działania, a on zużywa to w najlepszy możliwy sposób i niczego nie odkłada na później. I w ten sposób chudniesz.

Jasne?

Ja tak właśnie zrobiłam.
Napiszę ci teraz jak wygląda moja dieta w praktyce.

ROZDZIAŁ 40

Jem często i niewiele

Jem często i niewiele

Nie znoszę najadać się na zapas. I mój organizm też tego nie lubi, bo musi wtedy porzucić wszystkie inne zajęcia (takie jak choćby myślenie), żeby strawić furę jedzenia, które do niego wrzuciłam.

Kiedyś było inaczej.

Kiedy usiłowałam siebie zmusić do diety, odmawiałam sobie jedzenia. Nie jadłam na złość samej sobie. Chciałam siebie ukarać w ten sposób za to, że jestem za gruba. Chciałam się zemścić na sobie.

A moja podświadomość słyszała te myśli i dodawała je do całej listy negatywnych stwierdzeń dotyczących mnie, mojego życia, świata i innych ludzi.

Jak to idealnie pasowało do przekonań w rodzaju:
Ja się do niczego nie nadaję. Inni są zawsze lepsi ode mnie. Nie mam szans. To mi się nigdy nie uda. Jestem do niczego. Moje życie nie ma sensu.

Kiedy tak o sobie myślałam w największych głębinach mojej duszy i kiedy taki głos słyszałam ciągle w myślach, to nic dziwnego, że nie mogłam niczego osiągnąć. Sama sobie odbierałam siłę i szansę na zrobienie czegokolwiek konstruktywnego.

Walczyłam ze sobą.
Odmawiałam sobie jedzenia. Byłam głodna. Nieszczęśliwa. Mój organizm nie wiedział co się dzieje. Czy na zawsze odcięto dostawy jedzenia? Czy wszystkie wewnętrzne miasta zostały skazane na śmierć?
Dręczył mnie niepokój, zmęczenie i szalone wahania emocji. Czasem byłam najszczęśliwsza, a czasem spadałam jak ciężki kamień na dno rozpaczy, zniechęcenia i rozgoryczenia nad własnym losem.

Czasem czułam, że nie mogę już siebie dłużej katować tym odchudzaniem i odmawianiem sobie jedzenia, czułam się skrzywdzona, biedna i samotna. I wtedy chciałam sobie wynagrodzić ten straszny los pełen ciągłych wyrzeczeń, walki i nienawiści do samej siebie. Kupowałam słodycze. Pączki, tiramisu, lody karmelowe i zajadałam mój smutek.

A potem znowu wpadałam w rozpacz, że zaprzepaściłam kilka dni diety, czyli surowego wyliczania sobie najmniejszych możliwych porcji jedzenia.

I tak w kółko.

Od nienawiści i walki ze sobą do użalania się nad własnym losem.

Mój organizm nigdy nie wiedział kiedy dostanie coś pożywnego. Nigdy nie wiedział czy może liczyć na wsparcie z mojej strony. Nigdy nie wiedział jak dużo śmieci zechcę do niego wrzucić.

A ja naprawdę robiłam z niego śmietnik i dostarczałam mu prawie wyłącznie rzeczy naszpikowane chemicznymi truciznami – aspartamem, syropem glukozo-fruktozowym, glutaminianem sodu i różnymi innymi maltodekstrynami, zagęstnikami, skrobiami modyfikowanymi, regulatorami kwasowości, stabilizatorami, przeciwutleniaczami i tak dalej. Myślałam, że robię dobrze! Przecież jadłam tylko produkty niskokaloryczne!

Och, jak bardzo mało wtedy wiedziałam o sobie i o życiu!

Mój organizm pracował jak mógł, żeby odzyskać z tego śmietnika choćby najmniejsze porcje pożywienia. Ostrzegał mnie, że źle się dzieje w moich wewnętrznych miastach. Usiłował te wszystkie toksyny wyrzucić ze mnie przez skórę – stąd wysypki, krosty i wypryski. Biegunka. Osłabienie.

Nigdy już w końcu nie wiedziałam czy jestem głodna, czy najedzona. Zawsze miałam ochotę coś zjeść. Bo mój organizm też już nie wiedział co się dzieje. Dostawał same śmieci albo w ogóle nie dostawał nic. Nie mógł na mnie liczyć. Ja byłam jego największym wrogiem i on chyba on tym wiedział.

To właśnie zaczęło się zmieniać kiedy podeszłam do siebie zupełnie inaczej. Najpierw zrozumiałam, że nie mogę być swoim wrogiem, bo to nie ma najmniejszego sensu. Sto razy łatwiej i szybciej można coś osiągnąć miłością i życzliwością niż karaniem i krzykiem.

Wtedy też zaczęłam siebie rozsądnie karmić. Tak, jakbym karmiła swojego najlepszego przyjaciela.

A więc po pierwsze: tylko stuprocentowo *prawdziwe* jedzenie – czyli bez chemicznych dodatków.

A po drugie całkowicie zmieniłam moje nastawienie do jedzenia. Zaczęłam jeść po to, żeby siebie wzmocnić. Chciałam dostarczyć sobie tego, co da mi siłę do życia.

I nagle jedzenie stało się wielką przyjemnością!
Całkowicie znikło poczucie winy.

Nigdy nie mam już ochoty najeść się na zapas – bo mój organizm wie, że ja zawsze o nim pamiętam i zawsze o niego dbam. I jeżeli tylko dostarczy mi informację, że brakuje mu czegoś, to ja postaram się najlepiej jak potrafię, żeby mu to dostarczyć. I zrobię to z przyjaźnią i chęcią.

Rozumiesz?
Zaprzyjaźniłam się z moimi komórkami.
Trochę w przenośni, ale i po części dosłownie.

Dostarczam moim wewnętrznym miastom niewielkich porcji zdrowego jedzenia kilka razy dziennie.
I słucham mojego organizmu.

ROZDZIAŁ 41

Słucham mojego organizmu

Nie mam sztywno określonego jadłospisu.
Słucham mojego organizmu.

Czasem nachodzi mnie ochota na brokuły i wtedy po prostu gotuję coś z brokułami. I najprawdopodobniej w brokułach jest coś, co było mojemu organizmowi potrzebne. I myślę, że jest to coś więcej niż lista „wartości odżywczych" opisanych przez badacza w białym fartuchu.

Naukowiec opisał tylko to, co umiał zobaczyć i zbadać. Powie ci więc, że brokuł zawiera „brom, potas, wapń, żelazo, fosfor, mangan, magnez, siarkę, błonnik pokarmowy, witaminę A, B1, B2, B6, C, K, PP, kwas pantotenowy i kwas foliowy".

Jak dla mnie to są puste nazwy. Witamina PP jest dla mnie równie egzotyczna jak festiwal latawców w Radżastanie.

Wiem, że ktoś klei te latawce i puszcza je w powietrze na sznurkach, ale nie ma to ze mną nic wspólnego, bo ja jestem teraz tutaj w Warszawie, a nie tam w Indiach.

Wiem za to coś innego. Żywy, świeży brokuł jest zbudowany z tego samego, z czego są stworzone moje komórki. Idealnie do nich pasuje. Przynosi im różne tajemnicze szyfry zapisane przez Matkę Naturę – te same, które dały mu siłę do wykiełkowania i wyrośnięcia, przybrania zielonego koloru i okrągłego kształtu z karbowanymi końcówkami.

Kiedy jem brokuł, ja też dostaję coś od Matki Natury. Myślę, że jest to coś znacznie więcej niż witamina PP, B1 i B2. Możecie się ze mnie śmiać, ale ja naprawdę myślę, że naukowcom udało się zrozumieć i opisać tylko maleńką część prawdy. Cała jej reszta jest zbyt skomplikowana, żeby ludzki umysł był w stanie ją pojąć i zdefiniować.

Dlatego nie śledzę ani liczby kalorii, ani naukowo opisanych „wartości odżywczych".
Słucham mojego organizmu.
Jem to, na co mam ochotę – ale oczywiście tylko i wyłącznie z grupy rzeczy Prawdziwych, czyli bez sztucznych, chemicznych dodatków.

Wśród Prawdziwych rzeczy wszystko jest dozwolone.

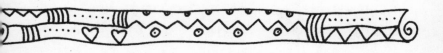

Wiem co jest dobre,
a co jest złe.

A jeśli mam wątpliwości,
to uczciwość nakazuje
sprawdzić to
w kilku źródłach.

Wybieram tylko to,

co jest dobre
dla mojego zdrowia.

ROZDZIAŁ 42

Wszystko jest dozwolone

Jem wszystko. Oczywiście wszystko, co jest *prawdziwe*, czyli nie zawiera sztucznych, chemicznych dodatków wytworzonych przez człowieka.

Kiedyś mówiłam, że nie lubię awokado. Tak naprawdę nigdy nawet nie zastanowiłam się czy podoba mi się jego smak, czy nie. W rzeczywistości przeczytałam gdzieś, że awokado jest bardzo tłuste i wysokokaloryczne. I natychmiast przestałam je jeść. Twierdziłam, że go nie lubię.

Kiedy zmieniłam myślenie o diecie i zaczęłam jeść *dla siebie*, a nie przeciwko sobie, spróbowałam awokado. Pomyślałam, że właściwie jest dość niezwykłe – ma taki delikatny, aksamitny miąższ w niesamowicie pięknym kolorze od żółtego do zielonego, jest pyszny w sałacie i w koktajlu owocowym, i że... no, właściwie nie ma powodu, żeby go nie lubić.

I wtedy też zaczęłam rozumieć czym się różnią do siebie różne „tłuszcze".

Ach, to jest jedno z największych nieporozumień dietetycznych!

Czy pamiętasz czego potrzebuje do życia każda twoja komórka? Jest pięć takich rzeczy. Pamiętasz?

Każda twoja komórka potrzebuje tłuszczów, białek, cukrów, wody i tlenu.

Ale wcale nie chodzi o tłuszcz z kiełbasy, białko z jajka ani cukier z cukierka!

Chodzi o tłuszcz, cukier i białko, które Matka natura umieściła dla ciebie w różnych warzywach i owocach. To jest taki tłuszcz i cukier, od których się nie tyje, bo komórka zużywa je do budowy i zasilania swoich wewnętrznych organów. Błona komórkowa otaczająca każdą komórkę jest właśnie zbudowana z tłuszczów, białek i cukrów.

Powiem inaczej: twoje wewnętrzne miasta potrzebują tłuszczów, cukrów i białek z warzyw, zbóż i owoców do budowania murów obronnych, które je otaczają i chronią przed najeźdźcami z zewnątrz.

Rozumiesz?
Tłuszcze, cukry i białka są składnikiem dobrych, mocnych cegieł produkowanych w twoich wewnętrznych fabrykach. Z tych cegieł jest budowane twoje zdrowie i siła.

Wiesz od czego się tyje?

Od sztucznych tłuszczów, sztucznych cukrów i innych sztucznych substancji.

Czy rozumiesz różnicę między prawdziwymi a sztucznymi tłuszczami?

ROZDZIAŁ 43

Tłuszcze

Och, dla kogoś, kto się odchudza, sama nazwa „tłuszcze" brzmi przerażająco! Wmawiano nam przez lata, że trzeba ich unikać jak ognia, że są niebezpieczne, że tuczą i robią z nas nieforemne pulpety!

W rzeczywistości to jest tylko pół prawdy.

Tłuszcz zrobiony przez człowieka rzeczywiście cię utuczy. Powiem więcej: nietłuszcz zrobiony przez człowieka utuczy cię jeszcze bardziej!

Mam na myśli wszystkie „odtłuszczone" produkty zalecane dla osób, które się odchudzają. Trzymaj się od nich jak najdalej. To są produkty najbardziej nafaszerowanie sztucznymi, syntetycznymi dodatkami, które atakują od wewnątrz twój organizm i zmuszają go do nienaturalnych zachowań – na przykład blokują poczucie sytości, więc jesz, jesz, jesz i ciągle masz wrażenie, że wciąż masz ochotę coś zjeść. Albo każą twojej wątrobie produkować więcej tłuszczu ze wszystkiego, co do niej trafi. Albo pobudzają do aktywności komórki rakowe.

Zobacz – im więcej jest przetworzonego jedzenia z chemicznymi dodatkami, tym więcej ludzi choruje na nowotwory, cukrzycę i otyłość. Rozejrzyj się – sama zobaczysz.

Utuczy cię też tłuszcz zrobiony przez człowieka, ponieważ on nie jest kompatybilny z twoim organizmem. Rozumiesz co mam na myśli?

Każda substancja stworzona przez Naturę ma ten sam zapis życiowych funkcjonalności, co twoje komórki.

Kiedy człowiek weźmie coś naturalnego, zacznie to ściskać, mrozić, wtłaczać, poddawać działaniu enzymów i chemicznych substancji, zmienia naturę tego czegoś.

Dlatego ziarno słonecznika zawsze będzie zdrowsze od oleju słonecznikowego.

Masło zawsze będzie zdrowsze od margaryny. Oczywiście mam na myśli masło zrobione z ubitego mleka, bez żadnych dodatków.

Oliwka zawsze będzie zdrowsza od oliwy.

Orzechy zawsze będą zdrowsze od masła orzechowego.

Rozumiesz?

Ziarna słonecznika, dyni i sezamu, oliwki, orzechy, migdały i awokado to fantastyczne i absolutnie bezpieczne

i zdrowe źródła tłuszczu, który jest potrzebny twoim komórkom i od którego nie tyjesz!

W dodatku naukowcy dodaliby do tego, że ten dobry,
zdrowy tłuszcz chroni twoje serce i obniża poziom złego
cholesterolu.

Rozumiesz?
Od tego się nie tyje!!!
Wprost przeciwnie!
Od tego masz siłę do myślenia i pracy!

Przeproś się więc z orzechami, nasionami i awokado.
Ja zwykle mam ze sobą małą torebkę ziaren słonecznika,
dyni i migdałów, bo w razie gdyby chwycił mnie niespo-
dziewany głód, to jest idealna, zdrowa przekąska.
A awokado uwielbiam w każdej postaci!

Rozumiesz?
Nie walczymy z tłuszczem.

**Jemy tłuszcz, bo to jest jedna z najbardziej niezbęd-
nych substancji w twoim organizmie.**

**Ale jemy wyłącznie zdrowy tłuszcz w takiej postaci,
jak stworzyła go Natura.**

Nie używam żadnego oleju, oliwy ani tym bardziej żadnych gotowych sosów z dodatkiem oleju. Nie używam margaryny, bo to jest bardzo nienaturalnie utwardzony tłuszcz
roślinny z dodatkiem syntetycznych substancji.

I oczywiście nie jem masła orzechowego, bo jest naładowane cukrem i innymi sztucznymi, chemicznymi dodatkami.

Jem różne orzechy – nerkowce, włoskie, laskowe, brazylijskie, migdały. Za orzeszkami ziemnymi nie przepadam. Poza tym to wcale nie są orzechy, tylko roślina z rodziny bobowatych, czyli strączkowa. W dzisiejszym świecie orzeszki ziemne są masowo produkowane i mam wrażenie, że są dość dalekie od postaci, w jakiej stworzyła je natura.

Jem ziarna słonecznika, dyni i sezamu. Codziennie dodaję je do mojej śniadaniowej owsianki.

Awokado jem w sałacie. Czasem dodaję ćwiartkę awokado do owocowego koktajlu.

Czasem używam go zamiast masła. Tego nauczyłam się w Peru, gdzie awokado jest bardzo popularne szczególnie w wysokich górach. Zawiera dużo żelaza, a więc sprzyja produkcji czerwonych ciałek krwi – bardzo potrzebnych w miejscach, gdzie jest mało tlenu w powietrzu. Peruwiańczycy kroją dojrzałe awokado na pół i nożem rozsmarowują je na chlebie tak jak masło. To jest pyszne!

ROZDZIAŁ 44

Węglowodany

Czy ty też walczysz z węglowodanami?
To lepiej od razu przestań.
A czy w ogóle wiesz co to są węglowodany?

Ach, żałuję, że nie usłyszę twojej odpowiedzi, bo jest bardzo możliwe, że odpowiesz mniej więcej to, co ja kiedyś myślałam:

– Węglowodany to jest na przykład mąka, z której robi się makaron.

Tak myślisz?
A czy wiesz, że mylisz się dokładnie tak samo jak w przypadku tłuszczów?

To jeszcze raz:

Tłuszcze to substancje zawarte w produktach naturalnych – takich jak orzechy, nasiona, awokado, kasze

i wiele innych. To jest dobry, zdrowy i potrzebny tłuszcz, od którego się nie tyje.

Zły, tuczący i szkodliwy tłuszcz jest zawarty tylko w produktach, które w przemysłowy sposób są produkowane przez człowieka z użyciem dodatkowych, chemicznych substancji. Na przykład: olej, frytki, pączki, kotlety i inne rzeczy smażone w oleju, margaryna, sosy z dodatkiem oleju, majonez, produkty zawierające syntetycznie utwardzony tłuszcz roślinny (wszystkie batony, czekolady, ciastka, lody i inne słodycze).

Rozumiesz?

Idźmy dalej.

Węglowodany to substancje zawarte w produktach naturalnych. Są różne rodzaje węglowodanów, ale wszystkie są dla ciebie dobre – pod warunkiem, że pochodzą wprost z natury.

Węglowodanem jest błonnik, czyli włókno pokarmowe. Kiedyś ludzie myśleli, że to śmieciowa substancja, do niczego nam niepotrzebna. A potem nagle odkryli, że błonnik jest fantastycznym regulatorem wnętrzności! Jest niestrawny, ale to właśnie jest jego największa zaleta! Bo błonnik ma tylko przejść przez twój organizm, zabierając z niego toksyczne śmieci. A gdziekolwiek się pojawia podczas tej wędrówki, zaprowadza porządek i przywraca równowagę. Dlatego w konsekwencji chroni cię przed rakiem i odchudza, bo daje poczucie sytości.

Rozumiesz?

Czy wciąż chcesz walczyć z węglowodanami?

Teraz cię zaskoczę.

Czy wiesz, że węglowodany to nie tylko błonnik, ale także cukry i inne rzeczy?

Zasada jest prosta jak indiańska strzała:

Węglowodany zawarte w rzeczach stworzonych przez naturę są dla ciebie dobre i potrzebne.

Węglowodany zawarte w rzeczach stworzonych przez człowieka mogą być dla ciebie szkodliwe i tuczące.

Czy to jest jasne?

I teraz pewnie trochę skołowana zapytasz:

– No, ale gdzie w takim razie mam znaleźć te węglowodany, jeśli mam nie jeść makaronu, bo on jest przecież zrobiony przez człowieka, a nie przez naturę?

Kochana!

Węglowodany są we wszystkim, co wymieniłam wcześniej w rozdziale opisującym to, co jem. Węglowodany są w warzywach i szczególnie w warzywach strączkowych, w owocach, w orzechach i nasionach, w kaszach i zbożach.

Tak!

W tych wszystkich czysto naturalnych produktach znajdziesz najlepiej przyswajalne i najzdrowsze węglowodany, od których na pewno nie utyjesz. Twoje komórki zużyją je do produkowania energii, do transportowania różnych ważnych składników, do budowy, do ochrony, do trawienia i do myślenia.

I ty będziesz zdrowa, szczupła i uśmiechnięta.

ROZDZIAŁ 45

Białka

Wiesz co to są białka?

To są cząsteczki zbudowane z aminokwasów.

A co to są aminokwasy?

To są cegły, z których jest zbudowane białko. Aminokwasy znajdują się też w twoim kodzie genetycznym.

Słowo „białka" właściwie nic nie mówi. Białka wcale nie są białe i nie mają nic wspólnego z jajkiem. Nie występują przy żółtkach i nie są neutralną substancją do wypełnienia skorupki.

Białka to po prostu potęga!!!

Białka to wszystkie ludziki w twoich wewnętrznych miastach.

Pamiętasz miasta, do których przybył Juliusz Cezar?

Wszyscy ludzie, których tam spotkał, to właśnie twoje białka. Strażnicy, sprzątacze ulic, urzędniczki w biurach, pan burmistrz i jego zastępcy, robotnicy w fabryce, kierow-cy tramwajów i taksówek, studenci, kwiaciarki i hafciarki, nauczyciele i uczniowie w szkole, piekarze i artyści.

Wszyscy ludzie w twoich wewnętrznych miastach to właśnie białka.

Białka są różne w różnych częściach twojego ciała. Wiesz dlaczego możesz czytać te słowa? Bo umożliwiają ci to specjalne białka. A wiesz dlaczego możesz zgiąć nogę w kolanie? Bo tam są inne białka, które właśnie tym się zajmują. Wiesz dlaczego twój żołądek trawi jedzenie? Bo są w nim białka zwane enzymami. A wiesz dlaczego zdrowiejesz z infekcji? Bo pomagają ci w tym białka zwane przeciwciałami, które bronią cię przed bakteriami i wirusami.

No tak, nie masz wątpliwości, że białka są potrzebne.

Ale uwaga.

Białka to wszyscy ludzie twoich wewnętrznych miast. Także pracownicy fabryki cegieł. Z czego mają ulepić cegły jeśli nie dostarczysz im odpowiedniej gliny?

Wiesz co to oznacza?

Że oprócz białek trzeba też jeść wszystkie inne rzeczy, które natura przygotowała dla ciebie. Bo wszystko, co jest w nich zawarte, w pewien sposób jest ci potrzebne.

Podkreślam tylko: rzeczy przygotowane przez naturę: owoce, warzywa, zboża, nasiona.

Rzeczy przygotowane przez człowieka to zupełnie inna historia.

ROZDZIAŁ 46

Natura i człowiek

Wyjaśnię to jeszcze raz, żeby nie było wątpliwości.

Nie namawiam cię do ascetycznego przejścia na dietę joginów, składającą się z nasion i korzonków.

Wprost przeciwnie.

Namawiam cię do tego, żebyś jadła kilka ciepłych lub gorących posiłków dziennie. Jak najbardziej urozmaiconych, złożonych ze wszystkiego, co przyroda przygotowała dla ciebie w swojej spiżarni.

Kasza gryczana z grzybami, kasza jęczmienna z warzywami, bakłażan z nasionami słonecznika, fasolka szparagowa z sezamem, zupa kalafiorowa, ziemniaki duszone z kapustą i pestkami dyni, gulasz z ciecierzycy, barszcz z fasolą, kasza jaglana z bakaliami, kasza quinoa z brokułami i orzechami.

Fałszem jest to,
co człowiek usiłuje tanio
i masowo produkować
z dodatkiem
syntetycznych substancji
dla obniżenia ceny

obniżając jednocześnie
jakość
i udając, że to jest
produkt "prawie"
jak naturalny.

Prawdą jest to,
co stworzyła natura,
bo jest skomponowane
w taki sam genialny
sposób jak twoje komórki

Przyroda nigdy
nie robi niczego dla zysku
i nigdy nie obniża
jakością swojego towaru.

Ach, wybór jest przeogromny! Codziennie przez cały rok można gotować inne danie.

Warunek jest tylko jeden: ty sama musisz to ugotować albo musisz wiedzieć w jaki dokładnie sposób to zostało zrobione.

Rozumiesz?

Chodzi o to, żeby mieć pewność, że do twojego jedzenia nie zostało dodane nic, co jest sztucznym syntetycznym składnikiem używanym w masowej produkcji jedzenia.

Bo te syntetyczne dodatki niszczą dobro, jakie pożywienie niesie ze sobą. Atakują twój organizm od wewnątrz, zmieniają funkcjonowanie twoich komórek i działanie białek.

Rozumiesz?

Wszystkie rzeczy, które nie pochodzą z natury, najprawdopodobniej mają taki właśnie destrukcyjny wpływ na twoje komórki. Piszę „najprawdopodobniej", bo kolejne dowody są dopiero odkrywane.

Na pewno wiadomo już, że takie niszczące działanie ma glutaminian sodu, zawarty w prawie wszystkich gotowych produktach żywnościowych sprzedawanych w sklepach. Czasem kryje się pod innymi nazwami – hydrolizowane białko, ekstrakt drożdżowy, kazeinian sodu, teksturowane proteiny albo aromaty identyczne z naturalnymi. To są substancje albo takie same, albo bardzo podobne do glutaminianu.

I dlatego właśnie przestałam kupować gotowe jedzenie w sklepach.

A przecież dla mnie to też było wygodne. Po co mam skrobać marchewkę i gotować kalafiora, skoro wystarczy kupić proszek, rozcieńczyć wodą, zagotować i mam zupę?

Ale ta zupa z proszku to nie jest prawdziwa zupa. To jest kłamstwo. To jest oszustwo, które zamiast karmić twoje wewnętrzne miasta, odbiera im siłę i doprowadza do ruiny.

To dotyczy wszystkich gotowych rzeczy do zjedzenia, jakie są sprzedawane w sklepach. Wszystkich soków w kartonach i butelkach, zup w proszku, puszce i kartonie, puszek z pasztetem i rybkami, bulionów w kostkach, proszku i paście, słoików z pulpetami i sałatkami – wszystkich, dosłownie wszystkich rzeczy, które są gotowe do spożycia.

Tak po prostu teraz produkuje się żywność. Producenci żywności dbają o to, żeby ich wyroby mogły długo leżeć na półkach i żeby były tanie.

Czy naprawdę myślisz, że sok jabłkowy z wielomiesięczną przydatnością do spożycia można zrobić bez chemicznych konserwantów? Nie można. Dlatego do koncentratu soku jabłkowego dodaje się konserwanty i różne syntetyczne proszki, które nadadzą mu odpowiedni kolor, zapach i smak. To nie jest prawdziwy sok jabłkowy. To jest chemiczna mikstura, która ciebie niszczy i tuczy.

Czy rozumiesz różnicę?

Koncentrat pomidorowy zrobiony przez twoją mamę z prawdziwych pomidorów i bez dodatku syntetycznych konserwantów jest prawdziwy.

Ale koncentrat pomidorowy zrobiony w fabryce jest na 100% kłamstwem. Bo ten koncentrat nigdy nawet nie widział pomidorów. Widział tylko bezkształtną szarą masę przygotowaną przez innego producenta, do której dosypał syntetycznych proszków, żeby ten niby-„koncentrat" miał zapach, smak i kolor.

Tak po prostu teraz produkuje się żywność.
To dotyczy chleba, bułek, ciast i ciastek, przetworów i wszystkich gotowych dań.

Dlatego właśnie tak gorąco namawiam cię do tego, żeby przestać je kupować.

Jeśli chcesz być zdrowa, szczupła i silna, musisz sama o siebie zadbać.

Być może powróci czas, kiedy będzie można bezpiecznie zjeść coś kupionego w sklepie. Teraz jednak w zwykłych sklepach sprzedaje się masowo wyprodukowaną, toksyczną żywność z dodatkiem wielu różnych syntetycznych substancji.

Wyjątkiem są sklepy ekologiczne, ale pewnie zaraz powiesz, że cię na to nie stać.

Nie ma sprawy.
Gotuj sama swoje jedzenie.

Będziesz miała pewność, że jest dla ciebie zdrowe i pełnowartościowe.

Nie masz czasu na gotowanie?
Błagam.
A czy masz czas na chorowanie?

Ja też nie mam czasu.
Ale uznałam, że nie mam wyjścia.

Zaczęłam więc wymyślać własne szybkie potrawy – takie, żeby same się ugotowały w pół godziny. I książkę z takimi przepisami wydałam kilka tygodni temu – zajrzyj tam jeśli potrzebujesz inspiracji.

Bądź dla siebie troskliwym Atlantydem.
Dbaj o swoje wewnętrzne miasta.

Dostarczaj im codziennie tłuszczów, białek, cukrów, wody i tlenu. Kochaj siebie. Bo kiedy siebie kochasz, twoje wewnętrzne miasta są najszczęśliwsze na świecie.

ROZDZIAŁ 47

Kolega Marek

Miałam kolegę, który usiłował schudnąć. Brał tabletki zmniejszające wchłanianie tłuszczów, chodził dwa razy w tygodniu na siłownię i raz w tygodniu na obiad u rodziców. To ostatnie jest nie bez znaczenia i za chwilę do tego wrócę.

Pewnego cudownego jesiennego dnia kupiłam świeże winogrona. Zielone, słodkie, pełne smaku słońca. Marek od razu odmówił.

– Nie, nie – powiedział. – Ja nie jem owoców.

– No coś ty? – zdumiałam się.

Jak można nie lubić owoców? Jak w ogóle można sobie wyobrazić życie bez owoców?

– Nie lubisz winogron? – zapytałam, bo może nie chodziło mu o wszystkie owoce, tylko ten jeden.

– Nie, nie, dziękuję – podniósł rękę, tak jakby chciał się obronić. – Ja nie jem owoców.

Nie pytałam więcej. Może ma kłopoty z żołądkiem albo z innego powodu lekarz mu zabronił jeść surowe rzeczy. Jego sprawa. Chrupałam radośnie winogrona, a Marek rzucał mi dziwne spojrzenia od czasu do czasu. Aż w końcu nie wytrzymał i powiedział:

— Dobre są?

— Pyszne!

— No, to może się skuszę. Ale wiesz, wyjątkowo, bo muszę trzymać dietę.

— Dietę? — nie zrozumiałam.

— No wiesz, usiłuję zrzucić wagę i jakoś... bez efektów — zmarszczył z niezadowoleniem czoło.

— Odchudzasz się? — zapytałam wprost, bo chciałam ustalić fakty.

Czym innym jest specjalna dieta zdrowotna zalecona przez lekarza na przykład pacjentowi z wrzodami żołądka, a czym innym chęć schudnięcia.

— Tak — przyznał Marek. — Chcę wrócić do mojej dawnej wagi.

— I nie jesz owoców, żeby schudnąć?

— No tak, bo wiesz, owoce zawierają za dużo cukru.

Ręce mi opadły.

Tabletki zmniejszające wchłanianie tłuszczów — czyli zestaw syntetycznych substancji, które zabraniają twoim komórkom wykorzystania tego, co znajduje się w pożywieniu. To tak, jakby do twojego wewnętrznego miasta wysłać transport gliny do robienia cegieł, ale postawić przy niej szlaban i strażników z karabinami.

Twój organizm potrzebuje wchłaniać to, co uzna za potrzebne! Także tłuszcze, z których jest zbudowana warstwa ochronna każdej twojej komórki, czyli mur dookoła każdego twojego wewnętrznego miasta!

Tak długo jak dostarczasz swoim komórkom PRAWDZIWEGO jedzenia bez chemicznych dodatków, one będą z niego produkowały równie prawdziwe zdrowie. Wtedy wystarczy jeść tyle, ile potrzebujesz, żeby być szczupłym i silnym.

Kłopoty z nadwagą zaczynają się wtedy, kiedy jesz więcej niż potrzebujesz albo kiedy jesz jedzenie naszpikowane syntetycznymi dodatkami. I jedno z drugim jest zwykle ściśle związane, bo jak już wcześniej wyjaśniałam, niektóre z tych syntetycznych dodatków hamują wydzielanie leptyny, czyli hormonu informującego mózg o tym, że się najadłeś – więc ciągle czujesz się dziwnie głodny i po prostu bez przerwy jesz.

I tak samo było z Markiem.

Na śniadanie jadł dietetyczny jogurt z równie dietetycznymi płatkami. W jednym i drugim było pełno sztucznych, syntetycznych dodatków – aspartamu, syropu glukozowo-fruktozowego, maltodekstryny, aromatów identycznych z naturalnymi, lecytyny, kwasu cytrynowego itd.

To jest **najmniej dietetyczne** jedzenie, jakie można sobie wyobrazić!

Te chemiczne dodatki zaburzają naturalne funkcje twojego organizmu. Twoje komórki są blokowane albo dźgane sztucznymi bodźcami.

To tak jakby to twojego wewnętrznego miasta wpuścić trujące opary. Nie wiadomo jak zachowają się jego mieszkańcy. Urzędniczka w biurze zaśnie nad dokumentami, a strażak zacznie podkładać ogień zamiast go gasić. I to samo dzieje się w twoim organizmie pod wpływem chemicznych dodatków stosowanych w żywności.

Twój organizm traci rytm i przestaje działać. Wtedy pojawiają się różne dolegliwości, idziesz do lekarza, dostajesz sztuczne, chemiczne lekarstwa i zmuszasz swój organizm do tego, żeby działał jak automat w odpowiedzi na rozkazy syntetycznych pigułek.

I chorujesz coraz więcej i więcej.

Rozumiesz co chcę przez to powiedzieć?
Twój organizm to fantastycznie zaprojektowany mechanizm, który sam potrafi utrzymać siebie w szczupłości, sile i zdrowiu – pod warunkiem, że nie będziesz mu przeszkadzał.

Czyli pod warunkiem, że nie będziesz wrzucał do niego żadnej chemii. Także tej skrywającej się w dietetycznych płatkach śniadaniowych, dietetycznym jogurcie, dietetycznym sosie do sałatek, dietetycznej czekoladzie i innych równie idiotycznych produktów, które są zaprzeczeniem dietetyczności.

Nie wierzysz?
Przeczytaj co jest napisane na etykiecie.

Mój kolega Marek chciał schudnąć. Jadł więc dietetyczne jogurty, płatki i sery, a zawarte w nich syntetyczne dodatki zmuszały jego organizm do produkowania jeszcze więcej tłuszczu, którego chciał się pozbyć.

I to nie wszystko.
Marek postanowił też ograniczyć ilość jedzenia, więc zamiast pójść na obiad, jadł hot-doga na stacji benzynowej. Czyli wrzucał w siebie jeszcze więcej chemicznych dodatków zawartych w parówce, w bułce, w keczupie i w musztardzie. Czyli jeszcze mocniej psuł sobie organizm od środka. I wciąż nie mógł schudnąć.

No, ale jak miał schudnąć na diecie złożonej z chemicznych tabletek, z chemicznych proszków zawartych w fast foodzie i z ciężkiego tłuszczu, w którym ten fast food jest robiony?

Nie mógł. Po prostu nie było takiej opcji.
To niemożliwe.

A nawet gdyby zmusił swój organizm do stracenia kilku kilogramów – poprzez na przykład pozbycie się wody w organizmie – to niedługo potem albo zacznie chorować, albo szybko przybierze te kilogramy z powrotem. A najbardziej prawdopodobnie stanie się jedno i drugie.

ROZDZIAŁ 48

A w niedzielę

Aha, zapomniałam o czymś.

Po całym tygodniu wyrzeczeń – chodzenia na siłownię, łykania tabletek odchudzających i jedzenia na obiad hamburgera, hot-doga albo kromki dietetycznego chleba z dietetycznym serkiem – w niedzielę Marek szedł na obiad do rodziców. A jego siostra robiła tiramisu.

Mam mówić dalej?...

Biedne wyczerpane komórki mojego znajomego błagały o jakiekolwiek porządne, pełnowartościowe paliwo, z którego będą mogły budować siłę jego ciała i umysłu.

Hot-dog i hamburger to śmieciowe jedzenie. Śmieciowe, czyli takie, które niczego potrzebnego nie dostarcza twojemu organizmowi. Przynosi ci tylko ciężki tłuszcz z oleju, oczyszczoną chemicznie mąkę w bułce i chemicznie zakonserwowane mięso przemielone z chemicznymi wzmacniaczami smaku. Nie ma w tym niczego, z czego twoje wewnętrzne miasta mogłyby cokolwiek zbudować. Są tylko śmieci.

A kiedy tych śmieci jest za dużo, trzeba przerzucić je do magazynu, żeby nie leżały na ulicach.

Rozumiesz?

To właśnie wtedy twoje ciało zaczyna magazynować tłuszcz, a ty zaczynasz przybierać na wadze.

Marek siadał do obiadu. Kiedy zaczynał jeść ziemniaki, kotlet i buraczki, to po prostu nie mógł przestać. Jadł i jadł, i brał jeszcze jedną dokładkę, i jeszcze jedną, a jego zachwycona mama cieszyła się, że synkowi tak smakuje. Potem siostra nakładała mu „malutki kawałek" tiramisu. Drugi. Trzeci. Bo Marek ciągle był głodny.

Jadł tak dużo dlatego, że jego umordowany organizm zmuszał go do najedzenia się na zapas. Bo przecież jak tylko skończy się niedziela, Marek wróci do swojej „diety". Czyli będzie jadł tylko dietetyczny jogurt, dietetyczny ser, hot-doga na stacji benzynowej i dietetyczną colę. Czyli będzie torturował swój organizm, wrzucając do niego chemię, chemię, chemię, chemię i chemię.

Rozumiesz?
Czy mam to powiedzieć jeszcze raz?

Gotowe dania sprzedawane w sklepach i barach są naszpikowane chemicznymi substancjami, które przedłużają

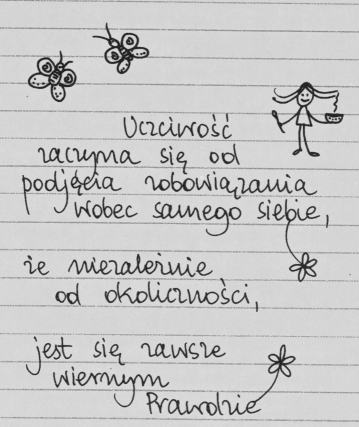

Uczciwość
zaczyna się od
podjęcia zobowiązania
wobec samego siebie,

że niezależnie
od okoliczności,

jest się zawsze
wiernym
Prawdzie

im przechowywanie, nadają im sztuczny kolor, sztuczny smak, sztuczny zapach i sztucznie utrzymują je w pewnym kształcie.

To jedzenie jest zrobione z najtańszych, bezwartościowych składników – po to, żeby jak najtaniej można było je sprzedać. Ponieważ te składniki są najtańsze i bezwartościowe, nie dałoby się z nich ulepić czegoś, co nadawałoby się do sprzedania. Dlatego do współcześnie produkowanej żywności dodaje się tak dużo syntetycznych substancji, które tworzą sztuczny produkt.

Ten sztuczny produkt nie wnosi do twojego organizmu niczego przydatnego. Zatruwa go tylko chemicznymi dodatkami. Dlatego o takim jedzeniu mówi się, że jest „śmieciowe". Jest dosłownie śmieciowe, czyli nie ma żadnej wartości z punktu widzenia potrzeb twojego organizmu.

Mało tego.

Śmieciowe jedzenie jest nafaszerowane chemicznymi dodatkami, które zmuszają twój organizm do nienaturalnego zachowania. Na przykład do zwiększonej produkcji tłuszczu. Albo do aktywowania komórek rakowych. Albo do zamierania komórek nerwowych w mózgu.

Rozumiesz?

To właśnie dlatego tyjesz, jesteś ciągle zmęczona, masz napady depresji i rozpaczy, nie możesz ruszyć naprzód ze swoim życiem, nie możesz schudnąć, czujesz się ciężka, brzydka i głupia.

Tak.

To wszystko dlatego, że jesz głupie, bezwartościowe jedzenie. Bo kiedy wrzucasz w siebie śmieci, twój organizm zwyczajnie nie ma siły, żeby coś z siebie dać.

Rozumiesz?

Zatrzymajmy się w takim razie i ustalmy raz na zawsze co jest, a co nie jest śmieciowym jedzeniem.

ROZDZIAŁ 49

Śmieciowe jedzenie

Wszystkie produkty, które wymieniam poniżej to śmieciowe jedzenie. „Śmieciowe", czyli takie, które zaśmieca twój organizm, a jednocześnie nie daje mu niczego, z czego twoje wewnętrzne miasta mogłyby budować swoją siłę.

Śmieciowe jedzenie to tak jak cegły ze styropianu pomalowane na czerwono. Wyglądają jak prawdziwe, ale nie da się z nich zbudować mocnej konstrukcji.

Czy chcesz wiecznie czuć się słabo, tyć, chorować, mieć problemy z koncentracją i myśleniem?

Jeśli tak, oto lista dla ciebie:

W barze szybkiej obsługi lub sklepie: hot-dog, hamburger, zapiekanka, sklepowa/barowa kanapka, smażony kurczak, smażone skrzydełka, smażone krążki cebuli, sałatka coleslaw, pizza, tortilla z nadzieniem, frytki, smażone ziemniaki, smażona ryba, czipsy, chrupki i inny fast food.

Słodkie napoje: cola i inne napoje gazowane (we wszyst-kich odmianach, także dietetycznej), oranżada, napoje i koktajle mleczne, soki owocowe w kartonach i butelkach (także te, na których jest napisane, że to 100% sok), napoje owocowe, napoje energetyczne (to koncentrat chemii).

Dodatki do jedzenia: majonez, musztarda, keczup, sos sałatkowy (we wszystkich odmianach, także dietetyczne).

Słodycze ze sklepu lub baru: ciasto, ciastka, pączki, batony, czekolada, cukierki, guma do żucia, lody, jogurt, wszystkie rodzaje deserów w kubkach.

Inne gotowe dania: zupy z proszku, sosy z proszku i wszystkie inne gotowe dania z proszku, w kartonie albo innym opakowaniu.

Płatki śniadaniowe – wszystkie rodzaje, zarówno w wersji regularnej, jak i dietetycznej (są naładowane cu-krem albo syntetycznymi słodzikami i innymi dodatkami).

– O rety, rety – powiesz pewnie – to co ja mam jeść?!!! Jak tu nic nie wolno!!

Wszystko wolno.
Ale tylko takie rzeczy, które cię pożywią i dostarczą ci siły do wszystkiego, co chcesz zrobić w życiu.
Przewróć stronę.

ROZDZIAŁ 50

Pożywne jedzenie

Wszystkie produkty, które wymieniam obok, to prawdziwe jedzenie. Takie, które dostarcza ci siły do życia i myślenia. Karmi twoje wewnętrzne miasta, a one dzięki temu mogą cię skutecznie chronić przed wszystkimi zagrożeniami. To właśnie wtedy jesteś zdrowy, masz dobry nastrój i energię do zrealizowania wszystkiego, co sobie zamarzysz.

Pożywne jedzenie to mocne, trwałe cegły, z których twój organizm buduje mocne, trwałe konstrukcje. Czyli twoje zdrowie i twoją moc.

Jeśli chcesz być silny, zdrowy, mieć bystry umysł, łatwo się uczyć i rozwiązywać problemy, mieć dobry nastrój i być zadowolonym, zdrowym człowiekiem, oto jeszcze raz lista dla ciebie:

Warzywa: ziemniaki, kapusta, marchew, seler, pietruszka, pomidor, kalafior, brokuły, cukinia, kabaczek, dynia, bakłażan i inne.

Warzywa strączkowe: fasola biała, fasola czerwona, fasola czarna, fasola mung i wszystkie inne rodzaje, ciecierzyca, groch, zielony groszek, soczewica, fasolka szparagowa i inne.

Owoce: jabłka, gruszki, winogrona, arbuz, truskawki, maliny, czereśnie, jagody i wszystkie inne owoce sezonowe.

Kasze: jaglana, jęczmienna pęczak, gryczana, peruwiańska kasza quinoa (komosa ryżowa).

Zboża: brązowy ryż jaśminowy, basmati i wszystkie inne rodzaje, płatki owsiane, orkisz (dawna odmiana pszenicy).

Owoce suszone: rodzynki, daktyle, figi, morele, żurawina (bez cukru).

Orzechy i nasiona: nerkowce, migdały, orzechy brazylijskie, włoskie, laskowe, nasiona dyni i słonecznika.

Powiesz, że frytki to też ziemniaki, więc powinny się znaleźć na tej liście?

Olej do smażenia to niezdrowy, ciężki tłuszcz. Dlatego ziemniaki w połączeniu z olejem znajdują się na śmieciowej liście, a ziemniaki w połączeniu z wodą na liście zdrowej.

ROZDZIAŁ 51

Cukry

Wracam do cukrów.

Kiedy częstowałam mojego kolegę Marka świeżymi owocami, on tylko kręcił przecząco głową i mówił, że nie może. Początkowo myślałam, że ma kłopoty z żołądkiem. A potem sam mi powiedział, że nie je owoców, bo chce schudnąć, a owoce mają za dużo cukru.

– Aaaaaaaaaaaaaaaa!!!!!! – miałam ochotę wrzasnąć. – Chłopie!!! Po prostu wszystko ci się pokręciło w tej dietetycznej głowie!!!

Pamiętasz co napisałam o zdrowych tłuszczach?

To są takie tłuszcze, które są niezbędne twoim komórkom – czyli twojemu organizmowi, który jest cały zbudowany z komórek. Natura zadbała o to, żebyś miał zawsze do nich łatwy dostęp i dlatego stworzyła takie rzeczy, które mają te zdrowe tłuszcze w sobie. Takie jak choćby orzechy, nasiona, kasze, ryby.

Niezdrowe tłuszcze to takie, które człowiek zrobił z czegoś za pomocą chemicznych reakcji z dodatkiem syntetycznych substancji – na przykład olej albo margaryna.

Z cukrami jest dokładnie tak samo.

Jedną z pięciu rzeczy, które są niezbędne twoim komórkom są cukry.

I ponieważ Matka Natura stworzyła ciebie po to, żebyś mógł zdrowo żyć, pracować i rozwijać się, stworzyła też dla ciebie naturalne źródło cukrów. Tych zdrowych cukrów potrzebnych twoim komórkom.

A najbardziej genialnym źródłem tych zdrowych cukrów są właśnie owoce.

W owocach cukry są połączone ze sobą i z innymi substancjami w tak doskonały sposób, żeby twój organizm dostał to, czego potrzebuje i żeby to się stało w możliwie najbardziej bezpieczny i mądry sposób.

Rozumiesz co to znaczy?

To znaczy, że natura jest jak genialny gracz w szachy i jest w stanie przewidzieć wiele następnych ruchów na planszy. Czyli w twoim organizmie.
Tym się różni natura od naukowca w laboratorium.

Bo naukowiec może stworzyć sztucznie substancję bardzo podobną do jednego z cukrów występujących w owocu – na przykład glukozę. I naukowiec powie coś w rodzaju:

– Nie musisz jeść owoców, które rozciągają ci żołądek i dostarczają wielu kalorii! Zjedz łyżeczkę glukozy, którą dla ciebie wyprodukowałem!

Ale to nie będzie ta sama glukoza. A jej działanie w twoim organizmie będzie ZUPEŁNIE inne. Wiesz dlaczego?

Dlatego że natura zaprojektowała owoc wszechstronnie. On zawiera nie tylko glukozę, ale też inne substancję, które sprawiają, że ta glukoza jest przez twój organizm wchłaniana w pewien bardzo określony sposób – taki, jaki jest dla ciebie maksymalnie bezpieczny i absolutnie idealny.

A glukoza wyprodukowana w laboratorium to syntetyczna substancja, która błyskawicznie przedostaje się do twojej krwi i może mieć bardzo dużo efektów ubocznych. I ma efekty uboczne, ale do tego wrócę w następnej książce.

Owoce są dobre!

Cukry zawarte w owocach są fantastyczne! Są zdrowe i potrzebne!

A czy wiesz co to jest cukier?
Ten biały cukier, który jest dodawany do prawie wszystkich gotowych produktów żywnościowych, które możesz kupić w sklepach?

Nie szukaj kogoś,
kto zaopiekuje się
twoim życiem.

Ty zaopiekuj się
sobą
już dziś!

Biały cukier nie występuje w naturze.

Biały cukier to w rzeczywistości sacharoza – sztuczna substancja stworzona przez człowieka procesami chemicznymi.

Mam mówić coś więcej?

Biały cukier to syntetyczny, sztuczny dodatek, który niszczy cię od środka. Biały cukier wywołuje wahania nastroju, depresję i nadpobudliwość u dzieci. Uszkadza system odpornościowy, czyli osłabia twoją siłę do walki z bakteriami i wirusami. A poza tym tuczy, ponieważ hamuje spalanie tłuszczu. Proste?

I od razu dodam, że wszystkie syntetyczne słodziki (aspartam, sorbitol, maltodekstryna, syrop glukozowo-fruktozowy, syrop z agawy itp.) są jeszcze bardziej szkodliwe od białego cukru, bo zawierają syntetyczne dodatki wywołujące nowotwory i w jeszcze bardziej tuczący sposób zmieniają twój metabolizm.

Twoje wewnętrzne miasta potrzebują cukrów.

I te zdrowe, potrzebne cukry są właśnie zawarte w owocach.

Że mają kalorie?
Błagam!

To przecież fantastyczne, że mają kalorie, bo tylko z kalorii można czerpać porządną energię!!!

I to są właśnie dokładnie takie kalorie, które przekładają się na twoją wewnętrzną siłę, a nie mają nic wspólnego z nadwagą!

Bo czy wiesz kiedy pojawia się nadwaga i otyłość?

Pojawiają się wtedy, kiedy jesz śmieciowe jedzenie albo/i jedzenie nafaszerowane chemicznymi dodatkami (np. oznakowane jako „dietetyczne") oraz wtedy kiedy jesz więcej niż potrzebujesz.

A teraz uwaga, najważniejsze pytanie:

Kiedy jesz więcej niż potrzebujesz?

ROZDZIAŁ 52

Kiedy jesz więcej
niż potrzebujesz

Kiedy jesz więcej niż potrzebujesz?

Jestem ciekawa czy znasz odpowiedź na to pytanie, bo jest ona zaskakująco prosta.

Zacznę od końca.

Przez pewien czas w każdą niedzielę po audycji, którą prowadzę na żywo w radiu, idę na wegański obiad. Zwykle najpierw jem gorącą zupę, a potem drugie danie. I chyba nigdy nie zdarzyło mi się zjeść wszystkiego, co zostało nałożone na talerz.

Pewnego dnia po kilku tygodniach do mojego stolika przysiadł się właściciel baru. Spojrzał na mój talerz. Zostawiłam trochę kaszy, całą surówkę i łyżkę humusu.

– Czy jesteś na jakiejś specjalnej diecie? – zaciekawił się.

– Nie – odrzekłam. – Dlaczego?

— No, tak myślałem — odrzekł właściciel baru i domyśliłam się, że pewnie od pewnego czasu mnie obserwował. — Bo jesz tylko niektóre rzeczy. Myślałem, że to z powodów zdrowotnych.

— Jak najbardziej zdrowotnych — zgodziłam się ze śmiechem. — Jem tylko to, na co mam największą ochotę i tylko tyle, ile potrzebuję.

I tak właśnie było.

Dostawałam talerz pełen różności. Była tam gorąca kasza gryczana, fasolka szparagowa z sezamem i soczewica ze szpinakiem. I kilka zimnych rzeczy: kotlecik z grochu, czyli falafel, łyżka humusu, czyli pasty z ciecierzycy, trochę sałaty z pomidorami.

Jadłam najpierw tylko gorące rzeczy — bo zawsze czuję, że gorące pożywienie najlepiej wzmacnia i dostarcza najwięcej siły. Jadłam bez pośpiechu, ciesząc się smakiem fasolki szparagowej, kaszy gryczanej i soczewicy, którą uwielbiam. Aż nagle poczułam, że już zjadłam dosyć. To takie jakby wewnętrzne dotknięcie. Nie ostrzeżenie, tylko spokojna informacja dobiegająca z wnętrza mojego organizmu.

Użyję przykładu. Wyobraź sobie piłkę, z której uleciało powietrze. We wnętrzu tej piłki jest dętka. Bierzesz pompkę i pompujesz. Dętka zaczyna się nadymać, robi się coraz większa, a w pewnym momencie przybiera kształt kuli i dotyka przykrywającej ją zewnętrznej powłoki piłki. To znaczy, że piłka jest już napompowana. Oczywiście mógłbyś dodać jeszcze więcej powietrza — wtedy piłka stanie się twarda i wypełniona do ostatniego centymetra.

I z jedzeniem jest tak samo.

Chodzi tylko o to, żeby zauważyć ten moment, kiedy organizm daje ci znać, że już zjadłeś tyle, ile potrzebujesz. Ja tak właśnie robię. I to pewnie wywołało zdziwienie właściciela wegańskiego baru. Bo siadałam z widelcem nad talerzem i jadłam. Powoli, ciesząc się zdrowym jedzeniem i tym, że mogę zaspokoić głód. Jadłam, jadłam, jadłam, aż nagle odkładałam widelec i kończyłam jeść. Mimo że na talerzu wciąż znajdowało się jedzenie.

Ale ja jadłam do momentu, kiedy poczułam, że zjadłam tyle, ile było mi potrzebne.

To jest jednocześnie łatwe i trudne.
Wiesz dlaczego jest trudne? Albo dlaczego nie umiesz wychwycić tego momentu?

Z kilku powodów, ale dwa są najważniejsze i chcę je dokładniej wytłumaczyć.

Powód pierwszy.
Jeżeli czytasz tę książkę od początku, to być może zauważyłeś, że w kilku miejscach wspomniałam o leptynie. To jest hormon wydzielany podczas jedzenia, który informuje twoje centrum dowodzenia o tym, że zjadłeś tyle, ile potrzebujesz. Jesteś najedzony. I teraz już jest moment, żeby przestać jeść.

I być może zauważyłeś też, że wymieniłam kilka substancji, które hamują wydzielanie leptyny.

Miłość do samego siebie
polega na tym,
żeby być dla siebie
Mędrcem
i Przyjacielem
do końca życia.

I teraz wystarczy połączyć fakty.

Jeżeli jesz rzeczy zawierające składniki hamujące wydzielanie leptyny, to choćbyś nawet miał uszy wielkie jak słoń, nie usłyszysz komunikatu o tym, że jesteś już najedzony, ponieważ twój organizm po prostu tego komunikatu do ciebie nie będzie wysyłał. A nawet jeśli wyśle, to ty go nie usłyszysz.

Rozumiesz?

Będziesz jadł i jadł, i jadł, a twoje leptyny będą spały. A twój brzuch będzie rósł od nadmiaru jedzenia.

A teraz krótkie pytanie:

Czy pamiętasz jakie substancje powodują zanik wydzielania leptyny?

Takie jak na przykład aspartam, syrop glukozowo-fruktozowy i glutaminian sodu. Ale myślę, że także wiele innych syntetycznie wyprodukowanych przez człowieka słodzików i dodatków do jedzenia. Bo nie wszystkie jeszcze zostały pod tym kątem przebadane. Przypomnę, że glutaminian sodu dopuszczono do użycia w żywności w 1909 roku, czyli ponad sto lat temu! Kto wtedy słyszał o leptynie i umiał ją zmierzyć?...

Czy rozumiesz co to oznacza w praktyce?

To znaczy, że na przykład pijesz dietetyczną colę słodzoną aspartamem, a potem zaczynasz być głodny. Idziesz na obiad. I jesz, jesz, jesz i sam się dziwisz, że ciągle czujesz się nienasycony. Jesteś ciągle jakiś dziwnie głodny. Ciągle masz ochotę coś zjeść!

Czy wiesz dlaczego tak się czujesz?

Bo aspartam z twojej ulubionej dietetycznej coli zahamował przekazanie komunikatu leptyny. Twój mózg nie otrzymał informacji o tym, że coś zjadłeś. Przez cały czas myśli, że jesteś głodny. I zmusza cię do zaspokojenia tego głodu.

Rozumiesz?
Uczucie głodu to sygnał wysyłany przez twój mózg – tak samo jak uczucie sytości. Jeżeli zablokujesz wydzielanie hormonu przybiegającego do mózgu z informacją, że zjadłeś posiłek i jesteś najedzony, będziesz po prostu ciągle czuł się głodny.

Rozumiesz?
I czy teraz jest dla ciebie jasne dlaczego zdrowa i skuteczna dieta może się składać wyłącznie ze zdrowego jedzenia? Czyli z takiego, do którego człowiek nie dodał żadnych syntetycznych substancji?

Czy teraz rozumiesz dlaczego wszystkie produkty oznaczone jako „dietetyczne" są w rzeczywistości najbardziej tuczące? Jest tak dlatego, że dostarczają ci chemii, która obciąża twój organizm i zaburza jego prawidłowe funkcjonowanie, a poza tym blokuje wydzielanie hormonu, który mówi twojemu mózgowi:

– Najadłem się. Przestań jeść.

Nie dostajesz tego komunikatu. I dlatego ciągle masz ochotę coś jeść.

Rozumiesz?
To jeszcze jeden drobiazg.

Niedawno czytałam nowe badania dotyczące leptyny. Okazuje się, że ludzie z nadwagą mają dużo leptyny, ale w jakiś tajemniczy sposób komunikat przez nie wysyłany po prostu nie jest odczytywany poprawnie przez mózg.

Wiesz dlaczego?

Dlatego że niektóre sztuczne dodatki do żywności blokują wydzielanie leptyny.

Ale są też inne sztuczne dodatki do żywności, które blokują komórki nerwowe w mózgu w taki sposób, że stają się głuche i ślepe. Leptyna się wydziela, wysyła komunikat do mózgu, ale twój mózg śpi. Jest częściowo nieczynny. Nie słyszy i nie widzi informacji o tym, że już się najadłeś.

I tak właśnie działa na twój mózg biały cukier.

I jeśli sprawdzisz etykiety produktów, którymi dotych-czas się odżywiałeś – a wciąż nie mogłeś schudnąć mimo naprawdę wielkiego samozaparcia i dobrej woli – to odkry-jesz najprawdopodobniej, że jadłeś i piłeś głównie rzeczy napakowane białym cukrem albo sztucznymi słodzikami.

A jak już teraz wiesz, zarówno biały cukier, jak i sztuczne słodziki oszukują twój organizm i zmuszają cię do tego, żebyś obżerał się coraz więcej i więcej i więcej.

I to jest pierwszy powód dlaczego jesz więcej niż potrzebujesz.

A jeśli jesz więcej niż potrzebujesz, twój organizm zaczyna magazynować nadwyżki pod postacią tłuszczu w różnych niewygodnych i wstydliwych dla ciebie miejscach.

ROZDZIAŁ 53

Drugi powód

Drugi powód, dlaczego jesz więcej niż potrzebujesz jest równie logiczny.

Twój organizm to państwo złożone z komórek, czyli ze współpracujących ze sobą miast. Przez cały czas, w każdej sekundzie, toczy się w nich praca. Budowniczowie stawiają domy, urzędniczki wypełniają pisma, ogrodnicy podlewają kwiaty i zrywają dojrzałe owoce, strażnicy pilnują, policjanci chwytają podejrzanych, a w fabrykach z gliny wyrabia się cegły.

Codziennie robotnicy robią milion cegieł. Potrzeba na to tysiąc ton gliny.

Mądry burmistrz tak zorganizował miasto, że świeża glina przyjeżdża kilka razy dziennie wprost z kopalni.

Wiesz dlaczego?

Bo dzięki temu nie trzeba jej przechowywać w magazynie!

Czy już rozumiesz co mam na myśli?

Glina to materiał, z którego twój organizm buduje swoją siłę i zdrowie. Inaczej mówiąc – to są składniki odżywcze. Jeśli dostarczasz swojemu organizmowi kilka zdrowych, niewielkich posiłków codziennie (podkreślam słowo „zdrowych", czyli zawierających to, co jest mu potrzebne: tłuszcze, białka, cukry, wodę, witaminy, sole mineralne i tlen), to twoje centrum zarządzania wie, że ma zapewnione stałe dostawy energii.

Ale jeżeli zaczynasz omijać posiłki i jeść śmieciowe przekąski, to twój organizm uczy się, że:
– Nigdy nie wiadomo kiedy dostaniemy coś zdrowego! Czasem jest obfitość, a czasem straszny głód! Nie ma stałych dostaw! Musimy się za wszelką cenę chronić przed wycieńczeniem! Trzeba zbudować magazyn! Musimy przechowywać zapasy na czasy głodu!

I to właśnie twój organizm robi. Buduje zapasy tłuszczu pod twoją skórą. A ty oczywiście tyjesz.

Rozumiesz?

Nadwaga to nadwyżka, którą twój organizm CHCE mieć, ponieważ nauczyłaś go strachu przed głodem.

Twój organizm w ten sposób chroni cię przed śmiercią z głodu.

I jeżeli wtedy postanowisz przejść na głodówkę, to jeszcze go w tym upewnisz, a on będzie swoje rezerwy tłuszczu budował coraz mocniej.

Rozumiesz?

Jeżeli do fabryki przyjeżdża świeża, pełnowartościowa glina pięć razy dziennie, nie ma potrzeby budowania magazynu. Wszyscy wiedzą, że dostawca surowca jest wiarygodny i uczciwy. Glina jest świeża, mocna i można z niej bez przerw robić fajne cegły.

Z twoim organizmem jest tak samo.

Ty jesteś dostawcą gliny. Jeśli czasem zamiast dobrej, mocnej gliny dostarczasz swoim fabrykom taniej podróbki, która nie nadaje się do wykorzystania, to szef fabryki będzie musiał podjąć ważne decyzje.

Na przykład takie, żeby na wszelki wypadek we wszystkich schowkach w fabryce ładować nadwyżkę gliny na gorsze czasy.

Czyli pakować zapas tłuszczu pod twoją skórę. Bo nie wiadomo co będzie.

Dostawca surowca zachowuje się w sposób nieprzewidywalny. Czasem podrzuca do fabryki dobrą glinę (zupa jarzynowa na obiedzie u rodziców), ale potem przywozi śmieci, z których nic nie da się zrobić (dietetyczna cola i frytki), a znów innym razem w ogóle zapomina o jakiejkolwiek dostawie.

Totalny chaos.

Fabryka stoi. Potem nocą musi niespodziewanie uruchomić wszystkie linie. A przecież w nocy robotników w fabryce jest o połowę mniej! Jak mają sobie poradzić z niespodziewanym ładunkiem gliny?

– Do magazynu! Do magazynu! – woła kierownik budowy. – Może ci, co przyjdą rano, coś z tym zrobią.

Może zrobią, a może nie.

Może będą musieli usuwać z fabryki śmierdzącą szlamem glinę, która nie nadaje się do niczego (hamburger, słodzony jogurt, baton czekoladowy). A magazyn rośnie i rośnie.

A ty się odchudzasz i odchudzasz. I nic.

Czy teraz już rozumiesz dlaczego?

Musisz być uczciwym i wiarygodnym dostawcą surowca do swoich wewnętrznych miast.
Wtedy twój organizm będzie wiedział, że nie musi magazynować tłuszczu na czas głodu, ponieważ ty – jako uczciwy dostawca – będziesz dbał o to, żeby głód nie nastąpił.

Rozumiesz?
Regularne, niewielkie posiłki.
Tylko i wyłącznie pełnowartościowe pożywienie.

Wtedy twój organizm będzie wiedział, że może na tobie polegać i nie musi niczego pakować na zapas.

ROZDZIAŁ 54

Śniadanie

Zawsze jem śniadanie.

Już widzę jak wzdychasz, że ty nie możesz, nie lubisz, że na samą myśl o zjedzeniu czegoś rano robi ci się niedobrze.

Myślę, że jest tak dlatego, że masz kompletnie rozregulowany organizm. W twoich wewnętrznych miastach panuje chaos. Czasem transport gliny przychodzi w środku nocy (zbyt późna kolacja), czasem fabryka jest zalewana toksycznymi odpadami (alkohol w każdej postaci), a czasem nie ma żadnego surowca i trzeba wyłączyć maszyny (bo zapomniałaś coś zjeść).

Czy wiesz co zrobiłby Twój Najlepszy Doradca i Przyjaciel z atlantydzkiej firmy YBAF? On pilnowałby tego, żebyś nie zapomniała zjeść.

Siedzisz w biurze szóstą godzinę, głowa ci się kiwa przed monitorem, krzesło wciska ci się w zadek, wzdychasz. Masz jeszcze tyle rzeczy do zrobienia, a tu utknęłaś, kurczę, jakoś nic się nie klei...

— Moja kochana przyjaciółko! — twój Atlantyd chwyta cię za rękę. — Jesteś zmęczona. Chodź, zaprowadzę cię do baru naprzeciwko i nakarmię cię dobrym obiadem. A krótki spacer dobrze ci zrobi i przewietrzy myśli.

Wyszłaś z biura za późno. Korek. Siedzisz w samochodzie, oczy ci się zamykają ze zmęczenia, na dworze leje szary deszcz, który rozgniata myśli w twojej głowie na paskudne błoto. Wszystko wydaje się bez sensu.

— Moja kochana przyjaciółko! — twój Atlantyd pochyla się do ciebie z tylnego siedzenia. — Zapakowałem dla ciebie torebkę bakalii na moment znużenia i nieprzewidzianego postoju. Proszę, zjedz. Nie chciałbym, żebyś z głodu straciła wiarę w piękno świata. Mam tu dla ciebie rodzynki, migdały, daktyle i figi. Dorzuciłem też garść twoich ulubionych orzechów nerkowca. A w schowku na samym wierzchu leży twoja ulubiona płyta. Posłuchaj jej, od razu poczujesz się lepiej.

Budzisz się rano. Zbyt późno. Zmęczona. Znów trzeba będzie gonić do roboty, minąć ten odrapany mur przy dworcu, rzucić okiem na niedosiężne ideały na okładkach kolorowych pism, westchnąć cichutko z rozpaczy i pokornie usiąść w wagonie unoszącym cię do miasta. Szare ulice, szary konduktor, szare szyby zasmarowane śladami palców. Szara przyszłość, szare perspektywy. Może w przerwie skoczę na pączka – myślisz. – W czekoladzie. To mi na chwilę poprawi humor.

– Moja kochana przyjaciółko! – twój Atlantyd czeka wiernie przy łóżku. – Dzień dobry, słońce mojego dnia! Cieszę się, że już się obudziłaś. Mamy dzisiaj mniej czasu, ale ugotuję dla ciebie gorącą owsiankę. O nic się nie martw. Kiedy ty będziesz się myć, malować i ubierać, ja będę dla ciebie gotował w kuchni. A potem nakarmię cię wzmacniającą owsianką z kaszą jaglaną i rodzynkami. I pójdziemy na dworzec. Miniemy ten kolorowy mur, na którym codziennie ktoś maluje coś nowego. Popatrzymy na kolorowe gazety. Uśmiechniemy się do twarzy na okładkach. Usiądziemy w wagonie unoszącym nas do miasta i będziemy szukać pozytywnych stron tego, co widać dookoła. A w przerwie skoczymy na obiad, czuję, że masz dzisiaj ochotę na szpinak i kalafiory.

Rozumiesz?

Zaopiekuj się sobą.

Zadbaj o siebie tak, jak dbałby Twój Najlepszy Przyjaciel-Doradca Atlantyd.

Ty musisz być dla siebie mądrym i cierpliwym Atlantydem.

Musisz wiedzieć co jest dla ciebie dobre i podsuwać sobie to rozwiązanie.

Musisz nakarmić się rano śniadaniem, a później nakarmić się gorącym lunchem i popołudniowym posiłkiem. Podsuwać sobie tylko takie rzeczy, które są dla ciebie dobre i zdrowe.

I wtedy nagle odkryjesz, że śniadanie jest przyjemne. I że w gruncie rzeczy jest konieczne, ponieważ twój organizm bardzo lubi świeżą porcję pełnowartościowego paliwa z samego rana.

Podkreślam słowo **pełnowartościowego.**

Jeśli rzeczywiście masz zamiar o siebie zadbać, to twoje śniadanie musi być mocne, uczciwe i piękne jak róża skąpana w migotliwych kroplach srebrzystej rosy.

Jakieś pytania?
Proszę bardzo.

Oto dla przypomnienia dwie listy: śmieciowego śniadania oraz wartościowego śniadania.

Śmieciowe śniadanie

- Płatki kukurydziane
- Wszystkie rodzaje płatków śniadaniowych
- Wszystkie rodzaje dietetycznych płatków śniadaniowych
- Białe pieczywo ze sklepu (chleb i bułki)
- Chleb tostowy
- Rogaliki, croissanty i bułeczki
- Pączki, jagodzianki i inne ciastka
- Żółty ser
- Chudy twaróg ze sklepu
- Dżem, marmolada ze sklepu
- Margaryna
- Masło z dodatkiem oleju roślinnego
- Parówki, kiełbaski
- Wędliny ze sklepu (bekon, szynka, kiełbasa, pasztet itd.)
- Słodki jogurt
- Serek z pudełka
- Fasolka po bretońsku z puszki
- Placki, naleśniki z białej mąki
- Syrop, słodki sos z butelki
- Pasta czekoladowa z orzechami

Wartościowe śniadanie

- Pełnoziarnisty razowy chleb z uczciwej piekarni
- Pełnoziarniste bułki z uczciwej piekarni
- Pieczywo własnoręcznie pieczone
- Gorąca owsianka z dodatkami ugotowana na wodzie
- Gorąca kasza jaglana z ulubionymi dodatkami (na słono lub słodko)
- Gorąca gęsta zupa z ulubionych płatków zbożowych
- Jajka klasy 0 na twardo i na miękko
- Jajecznica z jajek klasy 0 (bez bekonu i szynki)
- Jajko sadzone (jajko klasy 0)
- Ryż na ciepło z ulubionymi dodatkami
- Placki, naleśniki z pełnoziarnistej mąki
- Dobre masło zrobione wyłącznie z mleka
- Pasta z awokado (własnoręcznie zrobiona)
- Miód
- Syrop klonowy bez cukru
- Podgrzana resztka wczorajszego zdrowego obiadu
- Ulubiona gorąca zupa ugotowana poprzedniego dnia
- Domowe wędliny (zrobione własnoręcznie lub z zaufanego źródła)
- Gorąca kasza (np. gryczana) z odrobiną miodu i orzechów
- Brązowy ryż z nasionami słonecznika

ROZDZIAŁ 55

Wiem co powiesz

Wiem co powiesz:

– Jezu, przecież ja rano nie mam czasu na gotowanie brązowego ryżu z orzechami! To nierealne!

A kto ci każe gotować go rano?

Tym bardziej, że brązowy ryż gotuje się dwa razy dłużej niż biały, więc musiałabyś rano czekać przez 40 minut na swoje zdrowe śniadanie, klnąc pod nosem, że nie możesz wyjść z domu.

Czy myślisz, że ja mam na to czas?
Oczywiście, że nie mam.
Ale wiesz co mam?

Mam rozum. I mam mojego przyjaciela Atlantyda.

Kiedy muszę wcześniej rano wyjść – na przykład na rozmowę o zdrowym jedzeniu o siódmej rano w śniadaniowej telewizji – to śniadanie przygotowuję wieczorem.

Gotuję brązowy ryż, a raczej on sam się gotuje, podczas gdy ja mogę się zajmować bardziej twórczymi sprawami. Studzę go i zostawiam pod przykryciem na noc. A rano podgrzewam go w garnku z odrobiną gorącej wody, dodaję trochę cynamonu, garść rodzynek, mieszam i jem.

Albo nastawiam moją ulubioną owsiankę z kaszą jaglaną, siemieniem lnianym i suszonymi owocami. Ona sama się rano dla mnie gotuje, a ja w tym czasie biorę prysznic, ubieram się, maluję. A potem jem gorącą, gęstą owsiankę i jestem wdzięczna mojemu wewnętrznemu Atlantydowi za to, że o mnie dba i troszczy się, żebym wyszła z domu z zapasem świeżego paliwa do życia.

Albo poprzedniego dnia specjalnie gotuję trochę więcej obiadu – na przykład kaszy gryczanej z brokułami i pestkami dyni. To jest jednogarnkowe danie, które też samo się robi w pół godziny. Na obiad zjadam tyle co zwykle, a resztę zostawiam w garnku na śniadanie. Rano przygrzewam kaszę z dodatkiem odrobiny gorącej wody i jem.

To takie proste.

Wcale nie wymaga wielkiej filozofii ani umiejętności, ani dodatkowego czasu. I tak będziesz musiała coś zjeść. Podgrzanie wczorajszej kaszy z warzywami trwa tyle samo co zatrzymanie się w cukierni na pączka, tyle że jest sto razy zdrowsze i daje ci sto razy więcej siły.

Nadwaga
to nadwyżka,
którą twój organizm
CHCE mieć

— ponieważ
nauczyłaś go
strachu przed głodem

Jakieś pytania?

Śniadanie trzeba zjeść w ciągu dwóch godzin od wstania z łóżka. Najlepiej jeśli wypracujesz sobie pewien rytm – żeby twój organizm wiedział czego się może spodziewać i kiedy. Wtedy będzie cierpliwie czekał – pod warunkiem, że będzie miał pewność, że dostawca jest uczciwy i wiarygodny, czyli że regularnie, o przewidywalnej porze dostaje stuprocentowo pełnowartościowe pożywienie.

A skąd to wiem?

Zrozumiałam to w Indiach, chociaż prawdę mówiąc odkryłam to już znacznie wcześniej.

Kiedy podróżuję sama, jem to, co ludzie dookoła. Zatrzymuję się w hotelach dla tubylców, a tam – na całe szczęście – nikt nigdy nie słyszał o „śniadaniu kontynentalnym".

Wiesz co to jest śniadanie kontynentalne? Ach, to jest największe kłamstwo śniadaniowe świata! Kawa, croissant, czyli francuski rogalik, odrobina masła i marmolada w plastikowym pudełeczku.

To ma być śniadanie????? To ma mi dać choćby odrobinę siły do dalszej drogi???? Do dalszego życia????

Niemożliwe. Po takim śniadaniu jestem tylko wstrząśnięta. Mocna kawa sztucznie pobudza – serce nagle dostaje zbyt gwałtowne kopnięcie, więc jest zmuszone do szalonej pracy. Rogalik z białej, sztucznie oczyszczonej mąki z ciężkim tłuszczem to śmieciowe jedzenie, które dostarcza kalorii bez żadnych składników odżywczych. Marmolada z pudełka to cukier z dodatkiem barwników, zagęstniaczy i regulatorów kwasowości, czyli czysta chemia.

W tym śniadaniu nie ma niczego, z czego mógłbyś zbudować choćby ułamek siły.

Śniadanie kontynentalne podaje się w wielu hotelach świata. To znaczy w takich hotelach, do których przybywają turyści z Europy. I dlatego staram się unikać takich miejsc.

Wolę hotele dla tubylców, gdzie śniadanie jest porządne, bo jedzą je rano ludzie pracy, a nie delikatni i niedospani przybysze z Europy.

Kiedy podróżowałam po Indiach, na śniadanie zawsze jadłam to, co tubylcy – czyli gorący ryż i warzywne curry. Ach, jakie to było dobre! I ile dawało energii! Po takim posiłku mogłam wędrować dalej. Około południa jadłam lunch – czyli gorący ryż i warzywne curry. Ach, jakie to było pyszne!!! I znów miałam siłę, żeby chodzić, fotografować, pisać i myśleć. Około piątej po południu wstępowałam do baru na kolację, czyli gorący ryż i warzywne curry. Ach, jakie to jest dobre!!

Najpierw trochę mnie to dziwiło. Dlaczego w Peru o siódmej rano na ulicach stoją kucharki z garnkami gorącego rosołu? Ogromny talerz tego rosołu z makaronem i mięsem kosztował jednego sola, czyli jedną złotówkę. Tubylcy z szalikami wokół szyj zatrzymywali się w chłodzie poranka, siadali na tysiącletnich drewnianych stołeczkach i zamawiali zupę. A potem zjadali ją do ostatniej kropli i ostatniej nitki makaronu.

– O tej porze obiad? – dziwiłam się. – Obiad na śniadanie?

Tak jest! Obiad na śniadanie! Na obiad też obiad, a na kolację obiad po raz trzeci.

Bo o co właściwie chodzi podczas jedzenia? Czy o to, żeby przestrzegać zasad dotyczących rzeczy jadanych zwykle na śniadanie? Czy o to, żeby dostarczyć swojemu organizmowi tego, czego najbardziej mu potrzeba?

No właśnie!

Gdyby Indianin z Andów zjadł na śniadanie kromkę pszennego chleba z żółtym serem i pomidorem, to trząsłby się z zimna przez pół dnia. Bo zarówno pszenica, jak żółty ser i pomidor mają działanie schładzające organizm od wewnątrz. A kiedy jest chłodno na dworze, trzeba rozgrzewać się od środka gorącym, pełnowartościowym jedzeniem. I POSILAĆ się jedzeniem, czyli dostarczać sobie siły.

I tego właśnie nauczyłam się w podróży.

Po gorącym obiedzie na śniadanie czułam się szczęśliwa, silna i gotowa na spotkanie nieznanego.

I dlatego przeniosłam ten zwyczaj do mojego życia.

Zawsze jem gorące śniadanie.

Bo przecież podróż przez codzienność też jest wędrówką w nieznane i wymaga tyle samo siły.

ROZDZIAŁ 56

Kilka gorących pomysłów

Lubię proste rozwiązania.

Kiedy ktoś radzi mi ugotować na śniadanie „szparagi w szynce parmeńskiej z jajkiem na miękko" albo „gorące bułeczki z cukinią i wędzonym łososiem", to wiem, że to nie dla mnie.

Nie mam czasu, żeby godzinę stać w kuchni i gotować, a potem przez pół godziny sprzątać po tym gotowaniu.

Nie ma mowy o smażeniu rano naleśników, bo ubranie i włosy nasiąkają zapachem tłuszczu, więc po takim śniadaniu trzeba by się porządnie wykąpać.

Nie chce mi się też rano niczego piec ani zapiekać, bo to zbyt długo trwa, a potem zostają naczynia z zapieczonymi resztkami.

Nie lubię też przepisów z dziwnymi składnikami, o których musiałabym specjalnie pamiętać poprzedniego dnia.

Moje gorące śniadanie musi być dobre, szybkie i zdrowe. Zrobione z takich rzeczy, które zawsze mam w domu. I właściwie ono samo powinno się zrobić, bo ja w tym czasie będę się zajmowała przygotowaniem do wyjścia z domu.

Wymyśliłam więc dla siebie kilka takich śniadań, które są szybkie, gorące i pożywne, ale jednocześnie lekkie, smaczne i nie trzeba po nich dużo sprzątać.

Oto moje ulubione gorące śniadania:

Kanapka razowa z jajkiem na twardo[2]

A właściwie dwie kanapki z dwoma jajkami. Podstawowy warunek to dobry chleb i dobre jajka. Nie ma mowy o pieczywie tostowym sprzedawanym w plastikowym worku. To syntetyczny produkt, który nigdy nie widział piekarza ani zakwasu, ale powstał w co najmniej połowie z chemicznych proszków.

A więc dobry, razowy, pełnoziarnisty chleb. Dwie grube kromki. Opiekacz do grzanek.

Mały garnek stawiam na gaz. Nalewam pół centymetra zimnej wody, wkładam dwa jajka klasy 0 wyjęte z lodówki.

Jednocześnie nastawiam czajnik i gotuję wodę. Kiedy w czajniku jest wrzątek, w moim garnku woda też zaczyna bulgotać. Zalewam wrzątkiem jajka tak, żeby były całkowicie zakryte. I od tego momentu gotuję przez 9 minut.

---

[2]   To jest mój przepis z przeszłości, kiedy jeszcze jadłam jajka.

Pod koniec gotowania nastawiam grzanki.

Gorąca grzanka + gorące jajko przekrojone na pół i przy-
kryte drugą grzanką.

Pyszne!!!

A potem jeszcze raz to samo.

Owsianka z kaszą jaglaną i siemieniem lnianym

To jest mój ulubiony przepis, który opracowałam po
kilku miesiącach prób.

Płatki owsiane, kasza jaglana, siemię lniane + cynamon,
imbir i kurkuma + rodzynki, suszone daktyle, suszona figa,
pestki dyni i słonecznika + sezonowe owoce z kwaśnego
smaku.

Na chwilę się zatrzymam przy tym ostatnim.

W starożytnej medycynie chińskiej powstała filozofia
jedzenia oparta na harmonii i równowadze pięciu smaków
występujących w naturze. Każdy smak odpowiada jednemu
żywiołowi i każdy z nich ma bezpośredni wpływ na określone narządy wewnętrzne.

Zgodnie ze starożytną chińską tradycją, żeby cały organizm był optymalnie odżywiony, posiłki powinny zawierać
składniki ze wszystkich pięciu żywiołów.

Czyli mówiąc inaczej – każde danie powinno zawierać
co najmniej jeden składnik danego żywiołu – czyli danego
smaku.

Na tym polega gotowanie według kuchni pięciu przemian.

Gotuję tak od kilku lat i powiem tylko jedno: to jest szczęśliwe jedzenie. Takie danie wydaje się po prostu pełne i kompletne, a organizm po nim czuje się wzmocniony i zadowolony.

Więcej na ten temat napisałam w książce „Moje zdrowe przepisy".

Smak słodki to wcale nie jest cukier ani czekolada. Smak słodki to żywioł Ziemi z takimi rzeczami jak kasza jaglana, kalafior, marchew, kapusta, migdały, rodzynki, jabłko, gruszka i wiele innych rzeczy.

A owoce z żywiołu Drzewa – czyli smaku kwaśnego, o którym wspomniałam powyżej – to maliny, truskawki, pomarańcze, mandarynki, jagody, agrest, jeżyna, porzeczki, wiśnie, kwaśne jabłka.

Dlatego do mojej porannej owsianki dodaję odrobinę któregoś z powyższych owoców – kilka jagód albo borówek, pięć malin, jedną truskawkę pokrojoną w plasterki, plasterek pomarańczy.

Kasza quinoa

To jest najzdrowsza ze wszystkich kasz! Zawiera dużo białka i tak dużo innych ważnych składników odżywczych, że w Imperium Inków jadali ją wojownicy i biegacze. Ma też błonnik, witaminy i sole mineralne, nie zawiera glutenu.

Jest pyszna, delikatna i lekkostrawna, a przy tym fantastycznie pożywna.

303

A do tego ma jeszcze dodatkową zaletę: najkrócej się gotuje.

Wystarczy zalać kilka łyżek kaszy gorącą wodą i gotować przez piętnaście-dwadzieścia minut. Łatwo poznasz, że jest gotowa, bo kuleczki znacznie powiększą swoją objętość i wypuszczą śmieszne ogonki. Jeżeli kasza nie wchłonie całej wody, można ją po prostu odcedzić na drobnym sicie.

Jeśli masz więcej czasu, spróbuj podczas gotowania dodać do kaszy trochę pieprzu i soli, liść laurowy, ze trzy kulki ziela angielskiego i kilka plasterków cukinii albo drobno pokrojony kawałek brokułu.

Jeśli bardzo się śpieszysz, możesz ugotować kaszę quinoa bez żadnych dodatków. Jest pyszna sama w sobie! Jeśli lubisz, na koniec możesz dodać rodzynek, polać ją miodem albo czystym syropem klonowym.

No i oczywiście kaszę quinoa można bez problemu kupić w Polsce w wielu sklepach, ja zwykle kupuję ją w sklepie internetowym, żeby zaoszczędzić czas.

Wczorajszy obiad

Zwykle gotuję potrawy jednogarnkowe, bo tak jest szybciej, wygodniej i samo się robi. Robię na przykład gulasz z fasoli i warzyw, kaszę gryczaną z marchewką i brokułami, kaszę quinoa z jarzynami albo ziemniaki z kalafiorem, nasionami dyni i ciecierzycą. W rzeczywistości to jest coś w rodzaju bardzo gęstej zupy. Gdybym dolała do tego dania pół litra wody, powstałaby zupa. Ale ja wolę mniej mokre jedzenie, dlatego lubię odparować wodę i zostawić samą gęstą treść.

I jeśli wiem, że rano nie będę miała czasu na ugotowanie mojej ulubionej owsianki, to poprzedniego dnia gotuję trochę więcej obiadu. Rano dolewam trochę gorącej wody i podgrzewam przez dosłownie pięć minut, często mieszając.

Nigdy nie używam mikrofalówki. Sprawdziłam jakie jest jej działanie i wiem, że wydziela szkodliwe promieniowanie, a poza tym niszczy jedzenie. Uszkadza materię, z której jedzenie jest zbudowane. Rozrywa komórki i rozszarpuje jedzenie od wewnątrz. To nie może być zdrowe.

Miałam mikrofalówkę, ale wyrzuciłam ją z mojej kuchni jak najdalej. A ściślej mówiąc: oddałam komuś, kto chciał ją wziąć.

Przygrzanie jedzenia na zwykłej kuchni jest bardzo szybkie. Wystarczy trochę gorącej wody, mieszanie i chwila cierpliwości.

I taki lekki gorący obiad jest świetnym śniadaniem!

Szczegółowe przepisy zamieściłam w poprzedniej książce z tej serii, czyli „Moje zdrowe przepisy". Są tam prawie wyłącznie lekkie, zdrowe, gorące wegańskie potrawy, które same się gotują w ciągu pół godziny.

ROZDZIAŁ 57

Piję wodę

Wiem, słyszałaś już o tym, przereklamowany temat. I jak zwykle sprzeczne opinie. Jedni mówią, że trzeba pić cztery litry wody dziennie, a inni, że nadmiar wody szkodzi.

Bo wiesz o co tu tak naprawdę chodzi?
Chodzi o to, żebyś znalazła SWÓJ RYTM.

Ale żebyś mogła go znaleźć, musisz mieć podstawowe wskazówki.
A picie wody na pewno do nich należy.

Piję wodę przez cały rok. Ale zupełnie inaczej w gorący dzień, a zupełnie inaczej w zimowy wieczór.

Latem piję wodę mineralną w temperaturze pokojowej. Kiedy jest bardzo, bardzo gorąco, schładzam ją trochę w lodówce.

Po obiedzie często lubię się napić gorącej wody. Naprawdę. Mój żołądek to uwielbia. To fantastycznie działa na trawienie. W barze wegańskim, o którym pisałam kilka rozdziałów temu, wszyscy wiedzieli, że po jedzeniu zawsze wypijam szklankę gorącej wody. I nie musiałam już o nią prosić, bo zawsze na koniec ją dostawałam.

To jest zwykła filtrowana woda świeżo zagotowana w czajniku.

I naprawdę działa niesamowicie. Nie wysusza tak jak mocna herbata, nie zakwasza jak kawa, nie wypełnia jak słodki kompot. Jest idealna. Lekka, ale jednocześnie potężna. Stymuluje do lepszego trawienia, uruchamia pokłady wewnętrznej energii, porusza żołądek, zaprowadza ład i porządkuje wnętrzności.

Co ja będę mówić. Po prostu spróbuj.

Wiesz dlaczego woda jest potrzebna?
Bo pomaga w pracy wszystkim twoim wewnętrznym narządom, łącznie z sercem i mózgiem.

Zrób prosty eksperyment.
Kiedy poczujesz się zmęczona, będziesz miała kłopoty z myśleniem i działaniem, zrób krótką przerwę. Napij się wody i wyjdź na świeże powietrze. A najlepiej zabierz wodę ze sobą i wyjdź na dwór.

Jeśli jest gorąco, weź chłodną wodę.
Jeśli jest zimno, weź ciepłą wodę.

Oddychaj. I pij.
Gwarantowane, że poczujesz się lepiej.
Bo tak właśnie działają na ciebie woda i tlen.

Czysta woda.
Nie napoje gazowane z cukrem albo trującymi słodzikami.
Nie woda smakowa, która zawiera cukier, sztuczne sło-
dziki i sztuczne dodatki smakowe.
Nie napój ze sklepu nafaszerowany słodzikami i che-
micznymi aromatami.
I nie sok z kartonu, który tylko udaje, że jest sokiem
z owoców.

Po prostu woda. Czysta woda.

Ja zawsze mam blisko butelkę z wodą mineralną. Jeśli
wychodzę z domu w zimny dzień, zabieram butelkę z ciepłą wodą. I piję. I czuję jak wszystko w moim organizmie
się cieszy.

To tak jakbyś regularnie smarował swoje wewnętrzne
zawiasy świeżą oliwą. Wtedy po prostu wszystko lepiej
działa. A kiedy lepiej działa, to ty się lepiej czujesz.

ROZDZIAŁ 58

Śpię

Kiedy nadchodzi noc, mieszkańcy twoich wewnętrznych miast zasypiają. Tylko dzielny burmistrz krąży po ulicach i sprawdza czy wszystko jest tak, jak powinno być. Znajduje dziury w chodnikach i od razu zleca naprawę nocnej ekipie porządkowej. Odprowadza zabłąkane psy do domów. Poprawia przekrzywione rynny, sprawdza umocowanie dachów, wymiata suche liście, pakuje odpadki do śmieciarek, sprawdza czy w ciemnych bramach domów nie kryją się nielegalni imigranci.

Rozumiesz?

W nocy twój organizm sam się oczyszcza i naprawia. Regeneruje. Przywraca do stanu doskonałości to wszystko, co w ciągu dnia zostało nadszarpnięte albo zarysowane.
Jeśli nie dasz mu szansy na pełną i maksymalną regenerację, te drobne rysy będą się z dnia na dzień pogłębiać.

Niewielkie uszczerbki muru zamienią się w wyrwy, a nielegalni imigranci – wirusy i bakterie – będą coraz śmielej buszowali po twoich komórkach.

Dlatego sen jest bardzo ważny.

Bądź dla siebie mądrym burmistrzem. Nie wydzielaj sobie odrobiny snu po wszystkich innych zajęciach, którymi masz ochotę się zajmować.

Niech spanie będzie dla ciebie tak samo ważną sprawą, jak jedzenie, oddychanie i zarabianie pieniędzy. Tylko wtedy będziesz miał szansę utrzymać wewnętrzną równowagę. I wtedy twój organizm będzie cię wspierał w zachowaniu zdrowia, szczupłej sylwetki i dobrego samopoczucia.

Zobacz – to jest bardzo logiczne.

Skąd bierze się choroba?

Stąd, że twój organizm był osłabiony. Nie mógł wyregulować swoich wewnętrznych danych i nie był w stanie poradzić sobie z drobnoustrojami, które przybyły z zewnątrz.

A dlaczego organizm jest osłabiony?

Organizm może być osłabiony z czterech powodów:
1. Za mało składników odżywczych w pożywieniu (czyli gliny do budowania cegieł i domów)
2. Za mało wody

3. Za mało tlenu
4. Za mało snu

Teraz rozumiesz?

Do zdrowia, szczupłości i radości potrzebujesz niezbędnie pięciu rzeczy:
1. **Składników odżywczych w zdrowym jedzeniu**
2. **Wody**
3. **Tlenu**
4. **Snu**
5. **Ruchu**

Czy to jest dla ciebie jasne?

Bez tego ani rusz.
To jest niezbędny komplet świadczeń, jakie musisz zapewnić swojemu organizmowi, jeżeli chcesz żyć dobrze, zdrowo, szczupło i wesoło.

Czy czujesz lekką spinkę w środku?
Sprzeciw?
Rozterkę?

Bo ty przecież nie masz czasu na to, żeby się wysypiać. Ty musisz gonić, pędzić, gotować, prać, sprawdzać, pilnować wszystkiego, dbać o wszystko, bo jeśli ty tego nie zrobisz, to zapewne świat pęknie i rozpadnie się na kawałki.

Tak?
A jakie znaki daje ci twój organizm?

W jakim stanie jest twoje zdrowie? Samopoczucie?

Halo?

Czy naprawdę myślisz, że twój organizm jest twoim niewolnikiem, którego możesz wykorzystywać, biczować i zajeżdżać do nieprzytomności?

I czy naprawdę myślisz, że jeśli tak będziesz z nim postępować, on będzie silny, zdrowy i szczupły?

A może przyznasz wreszcie, że dotychczas nie miałaś ochoty myśleć o konsekwencjach swojego trybu życia, bo zawsze miałaś coś ważniejszego na głowie?

Nie ma w tym nic złego.

Czasem dzieje się tak dużo, że trudno od razu zorientować się co jest naprawdę ważne, a co nie.

Ja kiedyś myślałam, że najważniejsze jest dotrzymanie towarzystwa mojemu chłopakowi, który lubił do późna w nocy oglądać filmy. Bo byłoby mu przykro gdybym nie chciała oglądać razem z nim. Siedziałam więc posłusznie, głowa mi się kiwała ze zmęczenia, oczy same mi się zamykały, ale chciałam mu zrobić przyjemność. Siedziałam. Pierwsza w nocy. Druga w nocy. Butelka wina. Na ekranie telewizora ścierają się dwie armie, ktoś krzyczy, w powietrzu fruwa trojańska włócznia, a ja siedzę i chcę się przypodobać mojemu chłopakowi chociaż film mi się nie podoba i ponad wszystko na świecie chce mi się spać.

I wiem, że następnego dnia będę za to płaciła, bo kiedy jestem niewyspana, nie mogę się skupić i trudno mi się pracuje.

A właśnie.

A może ty w ogóle nie wiesz jak się czuje człowiek, który jest regularnie wyspany, czyli śpi tak długo, ile potrzebuje jego organizm?

Ja to wiem. Znam chyba wszystkie stany niedospania oraz wszystkie opcje wysypiania się – bo jest ich kilka. Ale muszę chyba zacząć od początku.

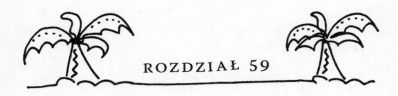

ROZDZIAŁ 59

Rytm dżungli

Kiedy zaczęłam podróżować po świecie, od razu instynktownie starałam się dostosować do zwyczajów panujących w danym miejscu. Dotyczyło to wszystkich sfer rzeczywistości – przemieszczania się lokalnymi środkami transportu, jedzenia w miejscowych barach i ulicznych budkach oraz trybu życia.

Indianie w dżungli amazońskiej nie znają elektryczności. Nie mają więc lamp, latarek ani żadnego innego sposobu, żeby ciemność sztucznie zamienić na dzień. W okolicach równika słońce zawsze zachodzi i wstaje o tej samej godzinie. Przez cały rok dzień ma dwanaście godzin i noc zajmuje następne dwanaście. Słońce wstaje o szóstej rano i o szóstej wieczorem chyli się ku zachodowi.

Na początku bardzo mnie to dziwiło. Przyjechałam przecież z Europy, gdzie dzień i noc są pojęciami względnymi.

Każdy może dowolnie wybierać czy chce sobie rozświetlić noc żarówkami, czy zaciemnić dzień czarnymi roletami.

Zachodnia cywilizacja szczyci się tym, że przeorganizowała naturę. Czarne przemalowała na białe, a białe ubrała na czarno. To daje ludziom złudne poczucie władzy nad światem. Ale myślę, że ta władza jest tylko pozorna i bardzo powierzchowna, bo nawet jeśli ustawisz potężne reflektory w środku miasta i rozświetlisz nimi noc, to nie zmieniasz faktu, że ta noc jednak istnieje. Tyle tylko, że usiłujesz udawać, że jej tam nie ma.

A noc ma swoje prawa.
I od prawieków jest wpisana w ludzką naturę.

Noc to czas przeznaczony na sen i regenerację. To nie oznacza bezczynności. Wprost przeciwnie. Kiedy ty śpisz, cały twój organizm pracuje, żeby przywrócić do równowagi wszystko, co zostało z niej wytrącone. Praca wre na poziomie komórek, czyli twoich wewnętrznych miast, z których składa się całe twoje państwo. Kiedy miasta są silne i zadbane, cały kraj kwitnie.

Indianie w dżungli to wiedzą.

Kiedy zapada zmrok, jest czas na przygotowanie się do snu. Indianka dorzuca drewien do ognia. Ogień daje ciepło – nie tylko to fizyczne. Myślę, że daje też poczucie bezpieczeństwa i wspólnoty, czyli ciepło serca.

Każdy ma swój hamak rozwieszony dookoła ognia. I kiedy robi się ciemno, wszyscy śpią. Budzą się z pierwszym

Kiedy poczujesz się
                zmęczona,
będziesz miała
        kłopoty z myśleniem
i działaniem,

zrób krótką przerwę.

        Napij się wody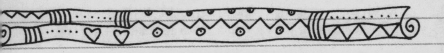
i wyjdź
    na świeże powietrze

Gwarantowane,
że poczujesz się lepiej

Bo tak właśnie
działają na ciebie

Woda i tlen

brzaskiem, kiedy niebo rozświetla się delikatnie srebrzystym błękitem. Nie ma jeszcze słońca, jest na razie tylko nadzieja, że ono przyjdzie.

Czas zacząć dzień. Myśliwi wyruszają na polowanie, naprawiają strzały, robią czółna albo paraliżującą truciznę z roślin. Indianki zajmują się dziećmi, gotują gorącą wodę, płyną na poletko po banany i maniok. Każdy robi to, co do niego należy, żeby zapewnić dobrobyt sobie i wspólnocie.

Dzień trwa dwanaście godzin.
A potem na dwanaście godzin zapada noc.

I tam właśnie zrozumiałam, że to jest fantastyczny rytm, który idealnie pasuje do rytmu organizmu. Szybko przestawiłam się na nowy tryb.

Życie w dżungli, wędrówka przez puszczę czy wiosłowanie w indiańskim czółnie wymagają tak dużo skupienia i siły, że około siódmej wieczorem w najbardziej naturalny sposób z wdzięcznością wyciągałam się w hamaku i zasypiałam. Budziłam się około piątej przy cudownym, orzeźwiającym i rześkim śpiewie ptaków i cykad.

Czułam się wypoczęta, silna i pełna zapału.

Po powrocie z każdej wyprawy zamierzałam wprowadzić ten zdrowy rytm życia na stałe.
Ale w Polsce?... Przecież u nas słońce codziennie wstaje o innej godzinie! Latem musiałabym wstawać o czwartej nad ranem i kłaść się o 22.00, czyli miałabym niecałe sześć

godzin snu. A zimą? Kłaść się o 16.00, kiedy robi się ciemno i wstawać o ósmej?

To niewykonalne. Niepraktyczne. Bez sensu.

Wpadłam jednak na inny pomysł.

Każdy organizm sam wie ile snu potrzebuje, żeby się w pełni zregenerować. I to jest twoje pierwsze zadanie.

Spróbuj znaleźć dwa tygodnie, kiedy będziesz testować swoje potrzeby. To musi być taki długi czas, bo najprawdopodobniej teraz twój naturalny rytm jest całkowicie rozregulowany przez telewizję, pracę, dzieci, męża, Internet i wiele innych spraw. Sama już nie wiesz ile powinnaś spać, bo zawsze śpisz za krótko, a potem raz w tygodniu śpisz o wiele za długo.

To jest tak samo bez sensu jak usiłować dostosować się do rytmu słońca w Polsce.

Zapytaj swojego organizmu.

Daj mu szansę, żeby się zrestartował i wtedy słuchaj co do ciebie mówi.

Być może będzie potrzebował pewnego czasu na odzyskanie straconych sił. Zaufaj mu. Pozwól mu przywrócić się do stanu wewnętrznej równowagi.

I pamiętaj, że wszystko zaczyna się w twoich myślach. Myśl o swoim organizmie jak o twoim przyjacielu. Daj mu szansę stanięcia na równych nogach.

Dotychczas tylko go popychałaś i potrącałaś. Był twoim niewolnikiem na łańcuchu. Nawet kiedy mówił, że pragnie zasnąć, to ty zmuszałaś go, żeby jeszcze czuwał. Kiedy był zmęczony, ty kazałaś mu pracować. Kiedy mówił, że nie znosi alkoholu, ty wlewałaś w niego jeszcze jeden kieliszek.

Niewolnik nigdy nie będzie twoim przyjacielem.
Niewolnik będzie tylko ze wszystkich sił starał się sprostać twoim żądaniom, wymaganiom i rozkazom. A kiedy zabraknie mu siły, będzie chorował, dręczył cię bólami głowy, biegunką, rozstrojem żołądka i nerwów.

Prawda?

Twój organizm nie jest twoim niewolnikiem.
Jest twoim życiowym partnerem.
Zacznij traktować go z szacunkiem. Słuchaj go. Dbaj o niego.

Wtedy zrewanżuje ci się zdrowiem, szczupłą sylwetką i radością.

Rozumiesz?
Bądź dla niego dobra.
Wtedy on będzie dobry dla ciebie.

ROZDZIAŁ 60

Naturalny stan szczęścia

Zawsze wiedziałam, że potrzebuję dużo spać.
Niektórzy tak po prostu mają.

Nie chodzi o to czy człowiek lubi spać, czy nie. To nie
jest kwestia wyboru. Chodzi o to, ile godzin snu potrzebuje
do tego, żeby być wypoczętym i w pełni sił. I nie ty o tym
decydujesz, tylko twoje ciało.

Ty możesz jedynie zaakceptować to, co twój organizm
uważa za konieczne.

Inaczej mówiąc: twój organizm decyduje o tym ile godzin
potrzebuje do tego, żeby się w pełni zregenerować.

Po czym to poznać?
To bardzo łatwe.

KIEDY JESTEŚ NIEWYSPANA, TO:

- nie możesz się skupić na jednej sprawie
- masz kłopot z zebraniem myśli, które rozbiegają się jak stado dzikich koni
- ciągle jesteś głodna i ciągle masz ochotę coś zjeść
- masz straszną ochotę na słodycze
- nic ci się nie chce
- jesteś zniechęcona do wszystkiego
- masz wrażenie, że nic cię nie cieszy
- masz depresyjny nastrój
- nienawidzisz siebie i wszystkich dookoła
- nie znosisz świata i swojego życia
- nie znosisz swojego wyglądu
- twoje ciało jest obrzękłe, spuchnięte
- masz worki pod oczami i szarą cerę
- jest ci zimno i nie możesz się rozgrzać
- jest ci za gorąco podczas upału i nie możesz się schłodzić
- jesteś skrzywiona, niezadowolona i marudzisz
- myślisz, że najchętniej uciekłabyś stąd.

Ha! Myślałaś, że życie jest takie koszmarne i dlatego masz takie czarne myśli? I pewnie nawet nie przyszło ci nigdy do głowy, że jesteś po prostu chronicznie niewyspana, niezadbana i niezdrowa?

A CZY WIESZ JAK WYGLĄDA ŻYCIE KIEDY JEST SIĘ WYSPANYM I WYPOCZĘTYM?

- masz ochotę się uśmiechać
- niespodziewanie wpadasz na nowe, genialne pomysły
- widzisz piękne rzeczy dookoła
- cieszysz się z tego, że żyjesz, że jest ładna pogoda, że ludzie się uśmiechają
- spokojnie koncentrujesz się na tym, co masz do zrobienia i robisz to dokładnie tak, jak chciałabyś to zrobić
- twoja cera jest gładka i świeża
- czujesz, że masz w sobie wewnętrzny blask
- czujesz się szczupła i atrakcyjna
- jest ci przyjemnie ciepło od wewnątrz
- w czasie upału łatwiej się schładzasz i dziwisz się dlaczego wszyscy narzekają, że jest tak gorąco
- masz ochotę do pracy
- masz ochotę do myślenia
- masz ochotę do życia
- masz plany
- masz marzenia
- i wiesz, że wszystko jest możliwe.

Czy znasz ten stan?

To jest najbardziej naturalny stan ludzkiej duszy. Do tego właśnie jesteśmy stworzeni – żeby się cieszyć, być silnym, pięknym, twórczym, chętnym do pracy i odpoczynku.

Rozumiesz?

**Ten naturalny stan radości to jest właśnie szczęście.
Ten naturalny stan szczęścia zdarza wtedy, kiedy
twój organizm posiada wewnętrzną równowagę i siłę.
A osiągnąć je może dzięki temu, że spokojnie i bez prze-
szkód regeneruje się i naprawia w czasie, kiedy ty śpisz.**

Kiedy dasz swojemu organizmowi szansę na odzyskanie
wewnętrznej równowagi, zyskasz to, czego pewnie od dawna
bezskutecznie poszukujesz, czyli smukłą sylwetkę, siłę do
życia, radość i zdrowie.

Dlatego musisz nauczyć się spać.
Musisz znaleźć swój rytm.
Musisz współpracować ze swoim organizmem i słuchać
co ci podpowiada.

Ja tak zrobiłam.

I odkryłam coś bardzo zaskakującego.

ROZDZIAŁ 61

Przed północą

Szybko zrozumiałam, że potrzebuję więcej snu niż moi znajomi. Myślę, że ilość snu potrzebna danej osobie jest zależna od bardzo wielu rzeczy. Także od tego, jaki prowadzi się tryb życia, do czego i w jaki sposób wykorzystuje się swoje siły.

Ja na przykład bardzo dużo myślę.

Serio. Bardzo dużo myślę, zastanawiam się, wyciągam wnioski. Mam czasem wrażenie, że w moim umyśle powstał niewidoczny dla mnie kombinat rozwiązywania problemów i ważnych spraw. Niewidoczny dla mnie, co oznacza, że nie wiem dokładnie w jaki sposób pracuje. Wiem tylko, że od czasu do czasu przygotowuje dla mnie genialne rozwiązania i wnioski.

Ja tylko wrzucam do niego tematy, w których poszukuję odpowiedzi. I podsycam go swoimi myślami. Często pozwalam mu samodzielnie wykonać całą dedukcyjno-analityczną pracę. I potem dostaję od niego gotowe odpowiedzi. I czasem dopiero wtedy wstecznie analizuję jakieś rozwiązanie i racjonalnie rozkładam je na czynniki pierwsze. Wtedy jestem w stanie nazwać je słowami i wytłumaczyć.

Zawsze tak było.

Szukałam odpowiedzi i po prostu dostawałam je z głębi mojego umysłu.
Ale to wymaga porządnego zasilania.

I dlatego też szybko zorientowałam się, że tracę siły i umiejętność jasnego myślenia kiedy jestem niewyspana albo kiedy nie nakarmię siebie zdrowym jedzeniem.

A ponieważ lubię myśleć, pracować i żyć, postanowiłam zaprzyjaźnić się z moim organizmem i dostosować mój tryb życia do jego potrzeb.

I tak właśnie odkryłam, że potrzebuję więcej snu niż moi znajomi. Spotykaliśmy się wieczorami, graliśmy w pasjonującą grę, ale około 22.00 ja już czułam, że mętnieją mi myśli, głowa szuka poduszki, a oczy najchętniej przysypiają.

— Jeszcze jedna partia! — namawiali moi znajomi. — Nie daj się prosić!
— Jestem zmęczona — mówiłam nieśmiało.
— Nie przesadzaj! Dasz radę!

I rzeczywiście dawałam radę. Wracałam do domu o północy, rzucałam się na łóżko, spałam do rana i wstawałam zmęczona.

Pod koniec tygodnia byłam już taka wyczerpana, że w sobotę spałam do południa. A potem wieczorem nie mogłam zasnąć.

To nie miało sensu.

Używałam mojego ciała jak jucznego zwierzęcia, na które ładowałam tyle, ile mi się podobało. Ile tylko dałam radę udźwignąć. Impreza do piątej rano? Proszę bardzo. Wystarczy o północy zjeść gorący barszcz, popić mocną kawą i znowu jest *power*. A potem napój energetyczny. Winko. Balety do rana.

Mój organizm cierpliwie wszystko znosił.

Czasem oczywiście dawał mi znaki, ale udawałam, że ich nie widzę. I oczywiście zupełnie nie kojarzyłam ich z nocnymi ekscesami i brakiem snu.

Ale – jak już wspomniałam wcześniej – ja lubię myśleć. I lubię kojarzyć fakty. I nagle olśniła mnie pewna szalona myśl.

Rety!

Podczas podróży czuję się fantastycznie, mam mnóstwo siły, mnóstwo nowych pomysłów, twarz ciągle sama mi się śmieje – a jednocześnie w czasie podróży jem trzy porządne posiłki dziennie i śpię tyle, ile potrzebuje mój organizm!!!

Sen jest bardzo ważny.

Niech spanie
będzie dla ciebie
tak samo ważną sprawą

jak jedzenie,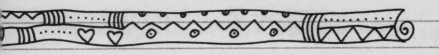
oddychanie
i zarabianie pieniędzy.

Tylko wtedy
będziesz miał szansę
utrzymać
wewnętrzną równowagę.

Połączyłam fakty.

I zaczęłam eksperymentować.

Chwilowo przestałam chodzić na imprezy i nocne spotkania ze znajomymi. Chciałam pogadać ze swoim organizmem i dowiedzieć się czego ja tak naprawdę od siebie potrzebuję.

I tak odkryłam, że przepisowe osiem godzin snu to dla mnie za mało.

Potrzebuję spać dziesięć godzin.

– Rety, jakie to okropne marnotrawstwo! – pomyślałam. – To prawie pół dnia! Tyle mogłabym w tym czasie zrobić, wymyślić, namalować, przeczytać, przygotować!...

Ale z drugiej strony – to wszystko, co mogłabym w tym czasie przygotować, napisać, narysować, wypracować i wymyślić jest możliwe tylko wtedy, kiedy mój umysł jest wypoczęty i działa w sposób najlepszy. Czyli wtedy, kiedy jestem wyspana. Czyli po dziesięciu godzinach snu. Koło się zamyka. Nie mam wyjścia.

Ale to nie koniec tej historii.

Przeorganizowałam moje życie tak, żeby móc spać tyle, ile potrzebuję. Dziesięć godzin. Kładłam się około 22.00, budziłam około ósmej rano. Teoretycznie wszystko było poprawnie. Ale dziwiła mnie pewna rzecz.

Budziłam się wyspana, wypoczęta. Chętnie wstawałam i brałam się do pracy. Ale w ciągu dnia przychodził dziwny moment, kiedy nagle ogarniało mnie znużenie. Nagle traciłam siłę i chęć. Tak jakbym wpadała w dołek energetyczny. Ale dlaczego? Przecież spałam tyle, ile trzeba. Obudziłam się bez budzika. Miałam wyregulowany rytm dnia i nocy i ustaliłam go w porozumieniu z moim organizmem.

I wtedy nagle przypomniałam sobie pewien fakt.

W dżungli amazońskiej chodziłam spać znacznie wcześniej i znacznie wcześniej wstawałam. I zawsze marzyłam, żeby ten rytm przenieść do Polski, bo czułam, że daje mi najwięcej energii.

I wyobraź sobie, że tak zrobiłam.

Ale najpierw w mojej głowie zaświtała myśl:

– No, ale jak to? Mam się kłaść o siódmej wieczorem?!!!

– Nie o siódmej, raczej bliżej ósmej wieczorem – odpowiedziałam sobie zgodnie z prawdą.

– No, ale... Jak to? O ósmej? Przecież ja o ósmej jestem zwykle zajęta!

– A czym jesteś zajęta? – zapytałam siebie tak uczciwie, że aż mnie zakłuło.

Bo prawda była taka, że po siódmej wieczorem trudno mi już było efektywnie pracować. Zwykle więc kończyłam pracę około 19.00 i potem zajmowałam się już tylko różnymi nieważnymi rzeczami – oglądałam telewizję albo film, szukałam czegoś w sklepach internetowych, czytałam wiadomości na portalach. Wszystko i nic. Nic ważnego. Tylko takie rzeczy, które były raczej bez znaczenia i po prostu zapełniały mój czas.

A więc po co je właściwie robiłam?

Robiłam je dlatego, że byłam zbyt zmęczona, żeby robić w tym czasie coś pożytecznego – choćby czytać książkę.

I postanowiłam to zmienić.
Stopniowo.
Bo każdą zmianę dobrze jest wprowadzać małymi krokami.

Zaczęłam od tego, żeby codziennie kłaść się piętnaście minut wcześniej i piętnaście minut wcześniej wstawać. Świadomie postanowiłam zmienić mój rytm dnia i nocy. Codziennie przesuwałam go odrobinę wcześniej. Słuchałam tego, co mówi mój organizm. Kiedy był zmęczony, nie zmuszałam go do ślęczenia przed komputerem, tylko kładłam go spać. A kiedy budził się rześki o szóstej rano, wstawałam i wyprowadzałam go na spacer.

I tak krok po kroku osiągnęłam mój cel.

Przestawiłam rytm na najbardziej zdrowy.

Latem, kiedy długo jest jasno, trudno byłoby położyć się wcześnie spać. Organizm jest tak zaprojektowany, że wydziela różne hormony w zależności od pory dnia, często kierując się natężeniem światła. Melatonina, potrzebna do przejścia w stan spoczynku i spania, zaczyna się wydzielać dopiero po zmroku.

Dlatego zasłaniam oczy. Informuję mój organizm, że jest już noc i pora na sen. I zasypiam.

Na pewno słyszałeś o tym, że najzdrowszy jest sen przed północą?

Wtedy organizm najlepiej i najbardziej efektywnie się regeneruje.

Osiem godzin snu od 22.00 do 6 rano to zupełnie inne osiem godzin niż od północy do ósmej.

A osiem godzin od 21.00 do piątej to jeszcze bardziej mocarne osiem godzin niż gdybyś zaczął spać o 22.00.

Tak po prostu jest.
Przyjmij to jako fakt.
Jeżeli chcesz się sobą opiekować, weź to pod rozwagę.

Najbardziej potrzebny jest ci sen przed północą.
Wtedy twój organizm najlepiej się oczyszcza i naprawia od środka. Daje ci najwięcej siły, pozytywnego nastawienia i najlepiej wpływa na twoje ciało, co bezpośrednio przekłada się na jego szczupły kształt i sprawność.

Wiem. Pewnie teraz nie wiesz co myśleć.
Jesteś w szoku?
Myślisz sobie:
– Jezu, przecież to jest niewykonalne! Mam iść spać o ósmej???!!! To niemożliwe!!!!
Powiem tak:
– To jest tak bardzo możliwe, jak sama zdecydujesz.

Wiesz jak to jest.
Wóz albo przewóz.
Albo decydujesz się dbać o siebie, żeby mieć zdrowe, szczupłe ciało.
Albo tylko udajesz, że na tym ci zależy, bo tak naprawdę ważniejsze jest dla ciebie oglądanie serialu w telewizji, pokazanie się znajomym w nowej sukience albo znalezienie potencjalnego opiekuna na serwisach randkowych.

Myślałaś, że nie wiem? ☺

ROZDZIAŁ 62

Ruszam się

Zdrowo jem.
Dużo śpię.
Pozytywnie myślę.
Piję wodę.
I ruszam się.

I to jest ostatni element diety cud. Atlantydzkiej diety cud.

Ale znów musiałam to zorganizować po swojemu, bo gotowe rozwiązania jakoś zupełnie do mnie nie pasowały.

Zacznę więc znowu od początku.

W Polsce prowadzę raczej siedzący tryb życia. Siedzę przed komputerem. Piszę książki. Siedzę w radiu. Prowadzę audycję. Wracam do domu, chcę odpocząć. Siedzę i oglądam film. Albo siedzę i czytam.

I czułam, że potrzebuję ruchu. Po prostu czułam takie dziwne mrowienie w głębi ciała, tak jakby kłębki energii domagały się wypuszczenia na wolność. Codziennie jeździłam na rowerze, ale halo! Przecież jazda na rowerze to też jest siedzenie!

Wiedziałam, że chcę i potrzebuję uprawiać jakiś sport. Ale jaki?...

Im większy jest wybór, tym trudniej podjąć decyzję.

Rozważałam wschodnie sztuki walki. Ale tam treningi były o sztywno ustalonych godzinach, najczęściej wieczorem. To raczej nie dla mnie. Hm. Badminton? Tenis? Ale do tego potrzeba partnera i specjalnego miejsca. Nie można tego robić zawsze i wszędzie.

Ostatecznie postanowiłam chodzić na siłownię.
I nigdy nie zapomnę twarzy kolegi z radia, którego spotkałam w sali podnoszenia ciężarów.
Zamrugał nieprzytomnie oczami, zabulgotał muskułami na spoconych ramionach i zasapał:
– Beata?! Kogo jak kogo, ale ciebie nigdy nie spodziewałbym się tutaj spotkać!

Chodziłam na siłownię przez pewien czas. Niezupełnie mi pasowało wyciskanie ciężarków i machanie nogami. Przeniosłam się do klubu fitness i zaczęłam chodzić na zajęcia aerobowe. Albo – mówiąc prościej – na różne formy aerobiku, czyli zorganizowanych ćwiczeń przy muzyce. I bardzo mi się to podobało.

Nie wiem czy byłaś kiedykolwiek na takich zajęciach. Jeśli nie, to pewnie masz w pamięci sceny z filmów z lat 80., gdzie przy dyskotekowych rytmach wyginały się laski w legginsach.

W rzeczywistości wcale tak nie jest.

Współczesny aerobik nazywa się raczej zajęciami fitnessu i są różne jego odmiany. Moje ulubione to TBC, czyli *Total Body Condition*. Polega na tym, że przez 50 minut robisz ćwiczenia na różne partie mięśni połączone z prostym układem choreograficznym i przy bardzo tanecznej muzyce. Drugi mój ulubiony to *Power Pump*, z dodatkiem niezbyt mocnych ćwiczeń z podnoszeniem sztangi. Na początku zawsze jest rozgrzewka, na końcu zawsze chwila relaksu i rozciągania.

Jeździłam na takie zajęcia dwa razy w tygodniu przez ponad dziesięć lat.

Ale potem mój czas się zagęścił. Miałam coraz więcej pomysłów, projektów i zajęć. I zaczęłam mieć kłopot ze znalezieniem dwóch wolnych popołudni w ciągu tygodnia. Bo żeby godzinę ćwiczyć w klubie fitness, musiałam dodać półtorej godziny jazdy samochodem w obie strony.

Wtedy wpadłam na pomysł, żeby kupić płyty z ćwiczeniami i ćwiczyć w domu. Dzięki temu mogłam to robić o każdej dowolnej godzinie. Nawet codziennie, jeśli miałam taką ochotę. I rzeczywiście miałam. Przez kilka lat ćwiczyłam codziennie w domu. Przebierałam się w strój fitness, rozkładałam na podłodze matę do ćwiczeń i ręcznik, miałam półtorakilogramowe hantle kupione w sklepie sportowym i ćwiczyłam.

Ale czegoś było mi brak.

Zmieniałam płyty i rodzaje ćwiczeń. Genialne były zestawy opracowane przez Cindy Crawford. Potem ćwiczyłam z Tamilee. Ale po pewnym czasie nużyła mnie powtarzalność ćwiczeń i widok ciągle tej samej podłogi w moim salonie. Coraz częściej z tęsknotą patrzyłam w okno.

I tak odkryłam bieganie.

ROZDZIAŁ 63

Biegam

Uwielbiam biegać. Dokładnie tak samo mocno, jak nie znosiłam tego wcześniej. Bo to jest bardzo dziwna sprawa. Myślę, że dokładnie taka sama jak w przypadku skutecznej i nieskutecznej diety.

Kiedy przechodzisz na dietę po to, żeby schudnąć i ładniej wyglądać dla innych ludzi, liczysz na to, że zdobędziesz w ten sposób ich sympatię, podziw i akceptację. Czyli podświadomie usiłujesz nimi manipulować. Chcesz im się przypodobać. Chcesz, żeby zwrócili na ciebie uwagę. Chcesz się dzięki temu poczuć lepiej.

Na poziomie racjonalnym oczywiście nie zdajesz sobie z tego sprawy. Ty tylko podejmujesz decyzję o przejściu na dietę. Ale twoja podświadomość harcuje jak szalona. To ona podsuwa ci wizje zachwyconych spojrzeń innych ludzi. To

Twój organizm
nie jest
twoim niewolnikiem.

Jest twoim
życiowym partnerem.

Zacznij traktować go
z szacunkiem.

Słuchaj go

Dbaj o niego

Wtedy rewaniuje
ci się

zdrowiem

szczupłą sylwetką
i radością

ona każe ci sobie wyobrażać jak cudnie będziesz wyglądać
w obcisłej sukience i co pomyśli o tobie facet twoich marzeń.

Prawda?

Jeśli tak trochę głębiej posłuchasz myśli w twojej głowie,
pewnie odkryjesz, że wiele rzeczy, które robisz *dla siebie*,
w rzeczywistości robisz dla innych. Żeby im zaimponować,
wzbudzić zazdrość, podziw, szacunek, zwrócić na siebie
uwagę, dostać trochę ich uwagi, spojrzeń, zainteresowania.

To świadczy o tym, że brakuje ci wiary w siebie i poczucia własnej wartości. Usiłujesz je uzyskać od innych ludzi,
bo nigdy nie wpadłaś na pomysł, że jedynym prawdziwym
źródłem wiary w siebie i poczucia swojej wartości jesteś
ty sama.

O tym napisałam więcej w serii pięciu książek „W dżungli
podświadomości".

**Czy wiesz, że jeśli prawdziwą intencją twojego od-
chudzania jest zwrócenie na siebie uwagi albo uzyska-
nie od ludzi akceptacji, to masz bardzo małe szanse na
osiągnięcie celu?**

Wiesz dlaczego?

**Dlatego że wtedy twój cel znajduje się poza tobą.
Rozumiesz? Twoim celem w rzeczywistości jest pewnego rodzaju manipulacja innymi ludźmi, którzy mają
ci dostarczyć to, czego ci brakuje – czyli poczucia, że
jesteś potrzebna i lubiana.**

To jest intencja.

Twój sukces w każdej dziedzinie życia zależy od tego jaka jest prawdziwa, rzeczywista intencja tego, co robisz.

I tak naprawdę tylko ty jesteś w stanie to stwierdzić, bo tylko ty jesteś w stanie dotrzeć do swoich własnych myśli i usłyszeć prawdę. Oczywiście jeśli zechcesz.

Większość ludzi nie chce. Odruchowo przyjmują jako prawdę to, co chcieliby, żeby było prawdą, a wcale niekoniecznie jest.

Ja też tak kiedyś robiłam i dlatego wiem jak to działa. I wiem, że to jest jedna z najtrudniejszych rzeczy – przestać kłamać samemu sobie. Zgodzić się na to, żeby usłyszeć prawdę. Przyznać się do niej. I wtedy jest już z górki. Bo prawda jest potężna. Wystarczy mieć odwagę ją usłyszeć i zaakceptować – a wtedy ona sama pociągnie cię za sobą i będziesz dokładnie wiedziała co masz dalej robić.

Wracam do biegania.

Pomyślałam, że właściwie najfajniej będzie biegać. I poprosiłam mojego znajomego, żeby mnie nauczył. Żeby mi powiedział co powinnam wiedzieć, jak się zachować, jakie mieć buty i tak dalej.

Pojechaliśmy do sklepu. Kupiłam buty, spodnie do biegania, koszulkę i kurtkę. Umówiliśmy się następnego dnia rano na bieganie. I to była masakra.

Wyruszyliśmy chyba o ósmej. Mój przyjaciel powiedział, że dostosuje się do mojego rytmu, żebym nie zatrzymywała oddechu i uprzedziła go gdybym czuła się źle. Zrobiliśmy rozgrzewkę. I ruszyliśmy.

Myślałam, że będzie łatwo. Że raz, dwa, pomacham nóżkami i będziemy wracać.

Aż tu nagle czuję, że moje nogi są ciężkie jak z żelaza. A biegłam dopiero chyba minutę!!! Jezu!! Normalnie chyba dalej nie dam rady! Co robić?

— Jak się czujesz? — pyta mój znajomy.
— Dobrze — kłamię, bo mi wstyd.
I biegniemy.
— Jak się czujesz? — pyta mój znajomy po kilku minutach.

Jezu, gdyby on wiedział! Mam wrażenie, że mój zadek jest zrobiony z ołowiu i ciągnie mnie do ziemi. Uda tak mnie bolą, jakby były ściśnięte żelaznymi kleszczami.

— Dam radę! Dam radę! — powtarzam w myślach, ale nienawidzę siebie za to bieganie.
Nienawidzę jego za to bieganie. A przede wszystkim — nienawidzę tego biegania!!!

— Jak się czujesz? — powtarza mój znajomy.
— Dobrze — odpowiadam przez ściśnięte żeby, starając się brzmieć normalnie.
— Masz dobry oddech! — chwali mój znajomy.
— Dzięki — syczę i walczę ze sobą, żeby znowu podnieść stopę i zrobić następny krok.

– To może pobiegniemy tak ze czterdzieści minut – proponuje mój znajomy.

Jezu!!!! Panika!!!! Czterdzieści minut???!!!!! To niemożliwe! Niemożliwe!! Nie dam rady! Nogi mi odpadną!!!!

– A ile już biegniemy? – dyszę.
– No, tak siedem minut – mój znajomy patrzy na zegarek, a ja czuję, że włosy stają mi dęba pod czapką.

Jest zima. Styczeń. Kilka stopni mrozu. Ja ubrana w siedem warstw, żeby przypadkiem nie zmarznąć i szalik na ustach.

Siedem minut???!!!! Biegniemy dopiero siedem minut????!!!!!!! Nie!!!!! To niemożliwe!!!!! Ile jeszcze????!!!!! Trzydzieści trzy??!!!!!

Mój znajomy chyba widzi panikę na mojej twarzy, bo pociesza:
– Szybko zleci, nawet nie zauważysz kiedy. A dopiero po czterdziestu minutach organizm zaczyna spalać tłuszcz. Wcześniej po prostu nie ma sensu kończyć.

Mam mówić dalej?

Zawzięłam się. Dobiegłam. Myślałam, że nogi mi odpadną z wysiłku. Wszystko mnie bolało. No, może nie wszystko, ale takie miałam uczucie, że pogwałciłam mój organizm, zmusiłam go do czegoś, na co nie był gotowy i że to wcale nie było dla mnie dobre.

Nienawidziłam biegania. Nienawidziłam!

Z ulgą pożegnałam się i zwiałam do domu, żeby się zregenerować.

– Ach, było wspaniale! – napisał później mój znajomy. – Zawsze kiedy biegam, wpadam w taki niesamowity trans, a potem jestem zrelaksowany, oczyszczony i czuję się świetnie! Ty też?

Ja? Błagam! To było najgorsze doświadczenie sportowe w moim życiu! Masakra! Nigdy więcej! Być może to jest dobre dla innych, ale na pewno nie jest dobre dla mnie! Mój organizm nie lubi biegania, a ja nie zamierzam go do tego zmuszać! Koniec i kropka!!!! Nigdy więcej!!!!!

ROZDZIAŁ 64

Nigdy więcej

Minęły chyba dwa tygodnie. Mój znajomy regularnie biegał we wtorki i soboty. A ja wrzuciłam strój do biegania do szafy i omijałam go jak największym łukiem. Aż nagle któregoś dnia Jarek pyta kiedy znów pójdziemy razem pobiegać. Bo przecież tak świetnie nam szło.

– Nie, wiesz – zaczęłam się wykręcać. – Rano będę zajęta.
– To może w środę?
– Nie, nie, nie mogę.
– W czwartek?
– Mmm, chyba mam już coś zaplanowane.

Zapadła krótka cisza.

– Nie podobało ci się bieganie? – domyślił się nagle Jarek.
– No, tak trochę niezupełnie… – zwlekałam.

Nie chciałam mu sprawić przykrości i bałam się, że jeśli powiem jedno słowo, to wyleje się ze mnie cała nagromadzona niechęć do biegania.

– Po jednym razie trudno stwierdzić! – oświadczył Jarek. – Wiesz, twój organizm był jeszcze nieprzyzwyczajony, nie wiedział jak się zachować, czego oczekiwać. Za pierwszym razem zawsze tak jest.

– Tak? – zapytałam z niedowierzaniem.

Gdyby on wiedział co się wtedy działo w mojej głowie! Jak bardzo nie znosiłam tego, co się dzieje i jak bardzo mój organizm protestował!

– Powinnaś spróbować jeszcze raz – powiedział Jarek.

O nie!!! To nie wchodzi w grę! Niemożliwe! Nigdy!!!

– Pobiegniemy lekko, w twoim rytmie – namawiał. – Bieganie to najlepszy sposób, żeby spalać tłuszcz.

O! Mój umysł nagle się przebudził.

Spalanie tłuszczu to coś dla mnie. Przez całe życie przecież walczyłam z tłuszczem, usiłowałam schudnąć i wyglądać jak modelka!

– Po czterdziestu minutach organizm zaczyna spalać tłuszcz – przypomniał mi Jarek.

– A wcześniej? – westchnęłam cichutko.

– A wcześniej to nieistotne dla organizmu. Dopiero po czterdziestu minutach intensywnego ćwiczenia przestawia się na spalanie.

– No, ale co się dzieje wcześniej?

– Tak to możesz sobie biegać dla przyjemności, to nie będzie miało wielkiego znaczenia dla twojej sylwetki.

Jezu. Mam się znowu zmusić do tego ohydnego, idiotycznego, mozolnego i bolącego biegania? Żeby spalić tłuszcz? O nie!!! Czy naprawdę nie ma innego sposobu???

– To jest najlepszy sposób – powiedział Jarek jakby czytał moich myślach. – To co? Piątek?

– Dobrze – westchnęłam ciężko. Och, jak ciężko! – Niech będzie piątek.

– Ósma?

– Ósma trzydzieści?

– Niech będzie ósma trzydzieści. Będzie fajnie, zobaczysz.

Piątek. Ósma trzydzieści. Dziesięć stopni. Tym razem już nie popełniłam tego błędu, co poprzednim razem, kiedy ubrałam się za ciepło i musiałam się w czasie biegu rozbierać.

Rozgrzewka.

Ruszamy.

Pierwsza minuta. Super. Nogi mnie niosą jak piórko. Oddycham. Radość. Cudownie. Ale jakby ciężej. Z każdym krokiem. Półtorej minuty. Jezu. Nogi. Boli. Ciężar. Ołów. Nie dam rady!!!! O nie!!!!!!!!!! Znowu to samo!!!!!!!!!!!!!!!!

Czuję jak nogi mi sztywnieją, jakby obrzmiewają od środka, odmawiają współpracy. Biegnę, oczywiście, bo muszę, ale gdybym nie musiała, to na pewno nie chciałabym tego robić!!!!!!!!!!!!!!!!!!!!!!!!

Aaaaaaaaaaaaaaa!!!!!!!!!!!!!

– Widzisz, od razu lepiej – rzuca Jarek.

A ja dyszę z wściekłości na siebie, na niego i na to cholerne bieganie, na które się zgodziłam chociaż wiedziałam, że nie chcę tego robić!!!!! Nie chcę!!!!! Nienawidzę biegania!!!!! Mój organizm nie jest stworzony do biegania!!!!!!!!!!!!!!! Boże, obiecuję sobie, że jeśli dotrwam do końca – a muszę dotrwać – to nigdy więcej nie skarżę siebie na coś podobnego. Nigdy więcej. Nigdy więcej!!!!!!

Nigdy więcej!!!!!!!!!!!!!!!!!!!!!!!!

Dobiegłam. Znowu powyżej czterdziestu minut, żeby organizm zaczął spalać tłuszcz. Kilka ćwiczeń rozciągających. A ja mam w głowie tylko dwa słowa:
– NIGDY WIĘCEJ!!!!!!!!!!!!!!!!!!!!!!!!!!!!!!

Wróciłam do domu, zakopałam strój do biegania, buty wrzuciłam do szafy, a kiedy Jarek zagadnął na kiedy znów się umówimy, powiedziałam prawdę:
– Nie sprawia mi to przyjemności.
– No coś ty? – zdumiał się. – Przecież wydzielają się endorfiny, mózg czuje się szczęśliwy.
– Nie mój – oświadczyłam krótko.
– To niemożliwe! – powiedział. – Przecież to jest naukowo udowodnione.

– Nie sprawia mi to przyjemności – powtórzyłam z uporem, powstrzymując się, żeby nie powiedzieć wszystkiego co myślę. Że nie znoszę tego, nienawidzę, nie chcę mieć z tym nic wspólnego.

– Ach, no cóż – stwierdził Jarek. – To będę biegał sam.

– Będziesz biegał sam – potwierdziłam.

– Albo z kolegą.

– Albo z kolegą.

– A ty?

– A ja wrócę do klubu fitness. Tam czuję się szczęśliwa.

I prawie tak zrobiłam.

Aż do pewnego poranka na wiosnę.

ROZDZIAŁ 65

Biegam!

Obudziłam się nieprzytomnie wcześnie. Słońce głaskało mnie po twarzy i było tak ciepłe, radosne i orzeźwiające, że poczułam się rześka, obudzona i pełna siły. I usłyszałam w głowie nieprawdopodobną myśl:

– Włożę buty i pójdę pobiegać.

– W życiu! – odpowiedziałam sobie natychmiast. – Tylko nie bieganie! Nie znoszę biegać!

– Ale chodź – namawiał mnie wewnętrzny głos. – Przyjemnie będzie pobiegać w takim wiosennym słońcu.

Jezu?! O co tu chodzi? Byłam zdumiona.

Przecież ja nie znoszę biegać!

Skąd nagle we mnie pojawia się dzika ochota na bieganie???? Przecież ja NIE LUBIĘ biegać!

– No, wstań – namawiał mnie wewnętrzny głos. – Włóż buty do biegania, wyjdź na dwór!

Usiadłam na łóżku. Nie wierzyłam własnym myślom. Kompletnie nie rozumiałam o co tu chodzi. Jak można mieć ochotę na coś, na co nie ma się ochoty????!!!! Jak to jest możliwe????!!!!

– Będziesz czuła jak porusza się całe twoje ciało, jak cudownie nogi niosą cię naprzód, a dookoła ćwierkają zachwycone ptaki – namawiał mnie wewnętrzny głos.

– Biegać? Ja? – zapytałam samą siebie z niedowierzaniem.

– No, chodź, wstań, ubierz się, wyjdź! – nalegał głos w mojej głowie.

– Ale przecież... – aż zabrakło mi słów, żeby dyskutować z samą sobą.

Bo przecież ja już to sobie wcześniej wiele razy wyjaśniłam. Boleśnie doświadczyłam. Przekonałam się, sprawdziłam doświadczalnie. Nie miałam ani cienia wątpliwości.

Aż tu nagle słyszę w mojej własnej głowie nieprawdopodobny głos, który składa mi jeszcze bardziej nieprawdopodobną propozycję:

– Chcę poczuć, że biegnę! Chcę biec!

– Ale przecież ja nie lubię biegania! – odpowiedziałam sobie ze zdumieniem.

– Lubisz bieganie, lubisz się ruszać, lubisz znajdować się w ruchu – odpowiedział głos.

– Ale przecież jak biegłam, to aż mi sztywniały nogi z wysiłku!

– Jak tylko poczujesz, że nie chcesz biec, to przestaniesz – namawiał głos.

— Ale przecież nie wolno przestawać, bo wtedy robi się jeszcze gorzej! — powiedziałam, bo pamiętałam, że to właśnie radził mi Jarek.

Kiedy go pytałam czy możemy na chwilę stanąć, powiedział, że lepiej nie, bo wtedy wszystko jeszcze bardziej boli, a potem trudno jest ruszyć.

— Jak będziesz chciała przestać biec, to przestaniesz — obiecał mi głos w mojej własnej głowie. — Nie musisz biec czterdzieści minut.

— Nie muszę? — nagle mnie olśniło.

— Nie musisz biec nawet dziesięć minut — przekonywał głos. — Możesz po prostu zamienić to na spacer.

— O? — już nie protestowałam.

— Będziesz biegła ile chcesz, a potem możesz stanąć, chodzić, leżeć, co chcesz.

— Hm.

— Nie musisz niczego spalać ani mierzyć kalorii. Chodzi tylko o to, żeby pobiec z radości, że świeci słońce.

Wstałam, odkopałam strój do biegania, włożyłam buty i wyszłam z domu.

To był najpiękniejszy poranek!!!!

Wiosna.

Maj.

Cudowne, ciepłe powietrze. Uszczęśliwione ptaki, które ćwierkały, świergotały i śpiewały zachwyconymi głosami. I wszystko we mnie śpiewało tak samo. Pobiegłam sobie przez minutę, a potem zwolniłam, zaczęłam iść. A po kilku

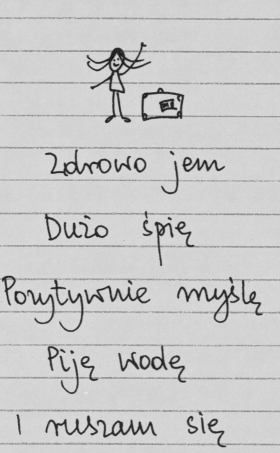

Zdrowo jem

Dużo śpię

Pozytywnie myślę

Piję wodę

I ruszam się

krokach znowu poczułam, że mam ochotę biec. Więc biegłam. A potem znów kawałek szłam i znów biegłam.

Boże! Było wspaniale!!!!
Cudownie!
I wtedy nagle pomyślałam, że ja po prostu uwielbiam biegać!!!!

Rozumiesz?
To było niesamowite.

Kiedy chciałam biegać, żeby coś w ten sposób zyskać albo załatwić, mój organizm protestował. Nie czuł najmniejszej potrzeby, żeby tym wysiłkiem coś dla mnie zdobyć. Coś, czyli wymarzoną sylwetkę, spalenie tłuszczu, podziw ludzi czy szpanowanie faktem uprawiania sportu.

Mój organizm *czuł*, że to bieganie jest dla mnie narzędziem do zdobycia czegoś. I buntował się. Nie chciał mnie wspierać. Odwracał się do mnie plecami.

Wszystko się zmieniło kiedy zmieniła się moja intencja.

Wtedy rano wyszłam tylko po to, żeby się ucieszyć słońcem i ruchem. Nie zabrałam słuchawek z ulubioną muzyką, nie usiłowałam schudnąć ani zrzucić tłuszczu, nie zależało mi na tym kto mnie widzi i co na ten temat myśli.

Zrobiłam to tylko i wyłącznie z chęci oddychania świeżym powietrzem, spotkania ze słońcem, ruszania się i przywitania nowego dnia.

Nie było w tym nic więcej. Żadnego żądania, żadnego oczekiwania, żadnego poświęcania czegoś w imię czegoś innego.

Była tylko chęć, radość i lekkość.
I ta radość właśnie niosła mnie w dal.

To było niesamowite! Po prostu niewiarygodne!
Czułam się fantastycznie.
I wtedy właśnie zrozumiałam po raz kolejny, że wszystko zależy od intencji, jaką w sobie nosisz.

Prawda i uczciwość to jedyna siła, która zaprowadzi cię do celu.

Kiedy odchudzasz się, żeby lepiej wypaść w oczach innych ludzi, przegrasz. Kiedy biegasz, żeby schudnąć, będzie ci ciężko. Kiedy postanawiasz zmienić pracę, żeby coś komuś udowodnić, prawdopodobnie ją stracisz.

Kiedy wchodzisz na drabinę tylko po to, żeby pokazać ludziom, że jesteś wyżej niż oni, szybko spadniesz w dół.

Rozumiesz?
Twoja intencja jest warunkiem twojego sukcesu.
Ta intencja, którą tylko ty jesteś w stanie odczytać w twoim własnym sercu.

Oczywiście, o ile masz odwagę, żeby przyjrzeć się prawdzie o samej sobie.
Bo jeśli nie masz odwagi, to ta prawda sama do ciebie przyjdzie. Ale trochę później, kiedy najmniej będziesz się jej spodziewać.

ROZDZIAŁ 66

Jak biegam

Budzę się rano, myję zęby, robię kilka prostych ćwiczeń rozciągających i wychodzę biegać. A właściwie wychodzę biegać i iść – zależnie od tego na co mam ochotę.

Wychodzę codziennie. Nie pytam siebie czy mi się chce, czy nie, bo wiem, że to jest dla mnie dobre. Świeże powietrze na dworze to tlen, który przynosi natychmiastową poprawę każdego niezbyt dobrego nastroju.

Kiedy rano powoli sobie biegnę, moja krew zaczyna szybciej krążyć i dostarcza świeży tlen do wszystkich komórek mojego ciała. I wtedy natychmiast człowiek czuje się lepiej. Sprawdź jeśli mi nie wierzysz.

Kiedy jesteś zmęczona, zniechęcona, niezadowolona – na przykład po południu kiedy nagle opada cię znużenie – wyjdź na dwór i przejdź się kawałek. Zobaczysz, że zmęczenie zniknie. To właśnie tlen tak na ciebie działa. I podobnie działa też woda – ciepła albo chłodna, zależnie od tego jaka jest pogoda.

Wszystkie twoje komórki potrzebują tlenu i wody. Wtedy mogą swobodnie pracować. A kiedy one swobodnie pracują, ty czujesz się rześka, masz chęć i siłę.

Dlatego codziennie staram się spędzać co najmniej godzinę na świeżym powietrzu. Rano pół godziny biegania, po południu co najmniej pół godziny jazdy na rowerze (zwykle więcej, około godziny), wieczorem spacer.

Wychodzę niezależnie od pogody. Bardzo przyjemnie biega się w deszczu. Kiedy jest duży mróz, ubieram się w kilka warstw i zasłaniam usta szalikiem.

I nigdy nie zmuszam się do biegania nad siły.

To było moje pierwsze i najważniejsze założenie: biegnę tylko i wyłącznie wtedy, kiedy mam na to ochotę. Kiedy czuję zmęczenie albo ból, od razu zwalniam i przechodzę do spaceru. Nie stresuję się. Niczego nie muszę nikomu udowodnić. Nie muszę przebiec całej trasy ani nawet połowy. Robię tylko to, na co mam ochotę.

I to było idealne rozwiązanie.

A najbardziej zaskakujące w tym jest to, że kiedy dałam sobie całkowitą swobodę, nagle zyskałam siłę do biegania!

Tak, naprawdę!

Kiedy wychodziłam z domu i myślałam, że muszę biec czterdzieści minut albo dwa kilometry, to bardzo szybko – mniej więcej po minucie – czułam, że jestem zmęczona i że więcej nie dam rady.

A potem wyszłam z założeniem, że niczego nie muszę. Biegnę albo idę. Długo albo krótko. Blisko albo daleko. Dokładnie tak, jak będę miała ochotę. Wtedy wcale nie czułam się zmęczona! Po minucie czy dwóch trochę zwolniłam, zrobiłam kilka kroków, ale niespodziewanie znów nabrałam ochoty na to, żeby biec! Więc biegłam. A potem znów zrobiłam kilka kroków, a potem znów miałam ochotę biec dalej!

I to jest moim zdaniem najważniejsze założenie.

Nie muszę.

Chcę.

Słucham mojego organizmu. Robię to, co mi podpowiada. Trochę biegnę, trochę idę, ale nie trzymam się żadnych surowych zasad.

Kiedy biegnę po ulicach osiedla, zwykle zwalniam przed zakrętem i idę kawałek spacerem. To dlatego, że jeśli znienacka wyskoczysz biegnąc zza zakrętu, możesz przestraszyć psa, który nie zdążył cię w porę zauważyć. A przestraszony pies może być agresywny.

Nie słucham muzyki kiedy biegam.

Kiedyś to robiłam, ale wtedy biegałam po coś. Wtedy biegałam, żeby schudnąć. I oczywiście wcale mi się to nie udawało, a ja traciłam zapał i przestawałam biegać.

Teraz biegam wyłącznie dla przyjemności znajdowania się w ruchu. Nie mam żadnego innego ukrytego celu.

Lubię w wyobraźni spojrzeć na siebie i poczuć, że całe moje ciało się porusza. Wszystkie mięśnie współpracują ze sobą, żeby przenosić mnie z jednej stopy na drugą.

Patrzę na liście drzew, na kwiaty, na chmury. Słucham wiatru, śpiewu ptaków i własnych myśli. Czasem w myślach powtarzam refren piosenki, której niedawno słuchałam. Czasem o niczym nie myślę, tylko oddycham. Żyję. Jestem.

To fantastyczne uczucie.

Wiem, że robię to dla siebie. Wiem, że to jest dla mnie dobre i czuję, że robię to w całkowitej zgodzie z moim organizmem.

I chociaż to jest teoretycznie to samo bieganie, co wtedy z moim znajomym Jarkiem, to w praktyce jest kompletnie, zupełnie, całkowicie inne.

Bo stoi za nim zupełnie inna intencja.

Moje bieganie nie służy osiągnięciu żadnego celu. Jest celem samym w sobie. Nie chcę w ten sposób udowodnić czegoś, sprawdzić siebie, zaliczyć kilometry ani zmierzyć się z innymi biegaczami.

Czasem ktoś mnie pyta ile biegam, a ja odpowiadam zgodnie z prawdą:

— Nie wiem.

— No, ale ile? Kilometr, dwa, pięć?

— Nie mam pojęcia.

Wiem tylko tyle, że biegam codziennie rano i że trwa to około 25 minut. Czasem więcej, czasem mniej. Nie sprawdzam. Ten przybliżony czas znam dlatego, że w niektóre dni rano mam mało czasu, wtedy nastawiam budzik i wiem o której godzinie zaczynam biegać i której wracam do domu.

Mam kilka tras, które sobie wybiegałam w praktyce. Jedna tylko po chodnikach i asfalcie, gdzie można bezpiecznie biegać w czasie deszczu i mrozu. Inna prowadzi przez pole — idealna na suche dni.

Aha, i wiem jeszcze dwie rzeczy:

Po pierwsze

Bardzo lubię to robić i sprawia mi to ogromną przyjemność. Tak, tak, a pamiętacie jak krzyczałam, że nienawidzę biegania? Że mój organizm nie znosi biegać i po prostu to jest forma aktywności kompletnie nie dla mnie?

Jest jak najbardziej dla mnie.

Wszystko jednak zależy od intencji i sposobu. Kiedy chcesz siebie do czegoś zmusić, żeby coś osiągnąć, to masz małe szanse powodzenia. Twój organizm nie jest twoim niewolnikiem. Jest twoim partnerem. Przyjacielem. Najlepsze efekty osiągniesz tylko wtedy, kiedy będziesz z nim współpracować. Kiedy będziesz słuchać co do ciebie mówi i czego potrzebuje.

Po drugie

Schudłam dzięki bieganiu. Ale schudłam dopiero wtedy, kiedy zaczęłam biegać dla siebie. Kiedy biegałam dla schudnięcia, używałam mojego organizmu jako narzędzia, które miało mi zapewnić lepsze samopoczucie.

To nie mogło się udać, bo to była podświadoma manipulacja. A manipulacja jest kłamstwem. Nie daje radości, tylko usztywnia od środka. Wtedy myślisz tylko o tym, że coś musisz i czegoś żądasz. A kiedy jesteś w taki sposób wewnętrznie usztywniona, nie możesz korzystać z całej siły, jaka w tobie jest. Dlatego szybciej się męczysz i sprawia ci to większy wysiłek.

Rozumiesz?

Wojną, nienawiścią i przymusem niczego nie zdobędziesz.

Swój cel osiągniesz wtedy, kiedy będziesz dla siebie opiekunem i przyjacielem.

Tak?

Czy mam to wyjaśnić jeszcze raz?

ROZDZIAŁ 67

Coś szalonego

Biegam codziennie rano. Kiedy jest minus dziesięcio-stopniowy mróz, kiedy świeci słońce, kiedy pada deszcz. Codziennie rano, bo lubię. Witam się ze słońcem i witam się z mgłą. Witam się ze sobą, kiedy moja krew zaczyna szybciej krążyć i dostarcza świeży tlen do każdej najmniej-szej komórki mojego ciała. Czuję radość. Czuję, że żyję. Nabieram siły i ochoty na więcej.

Nie sprawdzam ile kilometrów przebiegłam ani ile do-kładnie minut. W ogóle mnie to nie interesuje. Ani tym bardziej nie chce wiedzieć ile spaliłam kalorii. Bo ja nie biegam, żeby coś spalić. Biegam, żeby się cieszyć. A spala się samo przy okazji.

Ale różnica jest zasadnicza.

Kiedy biegniesz, żeby coś spalić, traktujesz swoje ciało instrumentalnie. Używasz go, żeby osiągnąć dodatkowy cel. To znaczy, że tak naprawdę zależy ci na opinii innych ludzi albo liczbie, jaką wskaże twoja łazienkowa waga, a mniej zależy ci na sobie samej i na swoim organizmie.

Kiedy traktujesz coś lub kogoś instrumentalnie, czyli używasz go dla osiągnięcia jakiegoś celu, stosujesz manipulację. Nawet jeżeli jest to manipulacja podświadoma, czyli taka, z której nie zdajesz sobie racjonalnie sprawy.

Manipulacja jest kłamstwem.

I jak każde kłamstwo, nie ma szansy na pełen i trwały sukces.

Dlatego każda dieta oparta na jakiejkolwiek manipulacji – świadomej lub podświadomej – kończy się porażką, efektem jojo albo zniechęceniem.

Twoje zadanie polega na tym, żeby poznać prawdę.

To jest twoje największe życiowe zadanie do wykonania – poznać prawdę o sobie samej.

Kiedy poznasz prawdę o sobie, wszystko stanie się proste i zacznie grać jak doskonale zestrojona orkiestra.

Czy wiesz czym jest ta prawda?

PRAWDA jest tym, co w rzeczywistości kieruje twoim postępowaniem. To myśli ukryte w twojej duszy, z których nie do końca zdajesz sobie sprawę. Nie do końca, bo czasem je słyszysz. Tyle że nigdy chyba nie zastanowiłaś się co naprawdę oznaczają.

Dlaczego postanawiasz się odchudzać?

Dla kogo?

Co chcesz w ten sposób uzyskać?

Nie bój się swoich myśli.

Pozwól im na wolność. Co ci podpowiadają?

Czy podsuwają ci uparcie obraz modelki w kostiumie kąpielowym?

A może seksowną sukienkę, w którą się wciśniesz, żeby spotkać królewicza z bajki?

A może upierają się, że będziesz szczęśliwa dopiero wtedy kiedy będziesz chuda?

No, dalej, śmiało.

To jest prawda o tobie.

Wstydzisz się?

Nie trzeba. Wstyd i gniew na nic ci się tu nie przydadzą. Szukamy prawdy o tobie. Raz w życiu spróbuj przestać udawać coś dla kogoś. Raz w życiu popatrz na prawdę, jaka w tobie jest. I wtedy zrozumiesz dlaczego wcześniej tyle razy próbowałaś i nie mogło ci się udać.

Spróbuj inaczej.

Zrób coś zupełnie szalonego, czego pewnie nigdy wcześniej nie zrobiłaś. Prawdę mówiąc, od początku tej książki miałam zamiar ci to zaproponować, ale czekałam na odpowiedni moment.

Myślę, że ten moment nadszedł właśnie teraz.

Bądź dla siebie
dobrym Atlantydem.

Najlepszym przyjacielem
i doradcą

Karm się tylko
zdrowym jedzeniem

Wyprowadzaj się
na spacer

Wypracuj zdrowy rytm
dnia
i nocy

I ciesz się :-

ROZDZIAŁ 68

Pracowici ludkowie

Czy kiedykolwiek w życiu próbowałaś nawiązać jakikolwiek kontakt ze swoimi wewnętrznymi miastami?

Przypuszczam, że nie.

Wyszłaś pewnie z założenia, że dostałaś ciało na własność i będziesz go używać.

Spójrzmy na to z pewnej perspektywy.
Oddalam się teraz od twojego ciała i używam specjalnej kamery na podczerwień i podbłękit, żeby cię prześwietlić.
Widzę państwo. W tym państwie dużo różnych miast i miasteczek. A w nich kręcą się zapracowani ludkowie.
Widzisz to?

Państwo to twoje ciało.
Miasta i miasteczka to twoje komórki.

Ludziki to wewnętrzne organy twoich komórek, które ciągle dla ciebie pracują. Robią dla ciebie wszystko. Absolutnie wszystko, dzięki czemu ty jako całość działasz – myślisz, ruszasz się, czujesz, słyszysz, widzisz, zdrowiejesz, goisz sobie skaleczenia, opalasz sobie skórę, oddychasz, trawisz, wydalasz. Wszystko, wszystko, wszystko, co składa się na twoje bycie człowiekiem zależy od ludków w twoich wewnętrznych miastach.

A ty jesteś jak władca. To ty decydujesz co zjadasz, czyli jakie składniki do budowy ciała dostarczasz swoim ludkom. Ty decydujesz dokąd idziesz i o której wracasz. Ty decydujesz o tym kiedy kładziesz się spać i kiedy wstajesz. Ty rozkazujesz.

I idę o zakład, że do tej pory byłaś władcą, który ma miasta, ale nigdy żadnym się nie zainteresował. Masz miliony pracowników, ale nigdy nie przywitałaś się z żadnym z nich. Prawda?

Raczej mówiłaś do nich:
– Pracować! Nie skarżyć się! Szybciej! Mocniej! Więcej! Czemu tak wolno?! Czemu tak mało?! Potrzebuję więcej!!!

Tak było, prawda?
Dotychczas tylko żądałaś od swojego organizmu, żeby dostarczał ci to, czego potrzebujesz. Chcesz mieć siłę do pracy. Chcesz mieć ładną cerę i włosy. Chcesz być szczupła. Chcesz być inteligentna, bystra i dowcipna. Chcesz mieć dobry wzrok. Chcesz być sprawna i zwinna. Chcesz się dobrze czuć.

Tak?

A kiedy czułaś się znużona, nie mogłaś się skupić, to co myślałaś? Pewnie coś w rodzaju:
– Nie znoszę tak się czuć! Nie mogę zebrać myśli! Nie mogę nic zrobić! Nienawidzę tego!

Czy widzisz to co ja?
Jesteś tyranem, a nie władcą. Rozkazujesz, żądasz, chłostasz, nienawidzisz, wyzywasz i wymagasz. Ale czy kiedykolwiek przekazałaś swoim poddanym choćby jedno słowo podziękowania? Wdzięczności, że tak harują dla ciebie od rana do rana? Czy kiedykolwiek się z nimi przywitałaś?

No właśnie.
Zrobimy małe doświadczenie.
Spróbuj teraz, kiedy czytasz te słowa, zrobić to razem ze mną.

Spójrz do środka.
Przestań rozglądać się dookoła. Spójrz do środka siebie.
Po prostu skieruj oczy wyobraźni do wnętrza swojego ciała.
Czy czujesz jak wszystko tam żyje i pracuje?

A teraz wyobraź sobie swoje wewnętrzne miasta. Nie musisz wiedzieć jak wygląda komórka. Wyobraź sobie miasto otoczone murami i w środku zajętych pracą ludzików. To właśnie twoja komórka.
Przywitaj się z nią.
Serio.

Wyślij do niej dobrą myśl. Uśmiechnij się do niej.
Czy czujesz coś niezwykłego w twoim ciele?

Spróbuj jeszcze raz.
Skieruj oczy swojej wyobraźni do wewnątrz.
Zobacz swoje wewnętrzne miasta. Wyobraź sobie, że
tam są i uśmiechnij się do nich. Powiedz do nich w myślach
coś w rodzaju:
   – Witajcie, moje wewnętrzne miasta. Dziękuję wam.
Lubię was. Będę o was dbać.

Czy teraz czujesz coś niezwykłego?
Czy czujesz jak twój organizm odpowiada ci radością?
Czy czujesz to?...

Niesamowite, prawda?
Jesteś w stanie nawiązać kontakt ze swoimi komórkami!
To jest jak fantastycznonaukowy film, tyle że dzieje się
naprawdę, a ty jesteś jego bohaterem.

**Jesteś cały zrobiony z komórek. Twój mózg to też
komórki. I teraz używasz komórek nerwowych w swoim mózgu, żeby przekazać pozdrowienie wszystkim
pozostałym komórkom swojego ciała i niespodziewanie
dostajesz od nich odpowiedź!
Czy czujesz jak się poruszają z podekscytowania i radości, że wreszcie je dostrzegłaś?
Czy czujesz jak się cieszą, że wreszcie nawiązałaś
z nimi kontakt?**

Czy to nie jest fantastyczne?

Pamiętaj o swoich wewnętrznych miastach.

Kiedy budzisz się rano, skieruj swoje myśli do środka i przywitaj się ze swoimi komórkami. Ja to robię. Naprawdę. To niesamowite uczucie kiedy czuję jak mi odpowiadają. Uwielbiam to.

Właśnie w ten sposób będziesz dla siebie dobrym Atlantydem. Swoim Najlepszym Przyjacielem i Doradcą. Doceń swoich ludków pracujących bez przerwy w wewnętrznych miastach. Podziękuj im czasami, wyślij do nich wdzięczność.

A kiedy jesteś zmęczona, nie wyzywaj ich, tylko powiedz do nich coś wspierającego i dobrego.

Kiedy ja jestem zmęczona albo głodna – mimo że dbam o siebie, opiekuję się sobą, ale może się zdarzyć taka sytuacja, kiedy przeciąga się sesja zdjęciowa, spotkanie autorskie, nagranie albo ważna rozmowa – to mówię do siebie:

– Zaraz cię nakarmię, kochana dziewczynko. Jeszcze trochę poczekaj. Pamiętam o tobie. Wiem, że jesteś głodna. Zaraz cię czymś posilę.

A kiedy jem, to pamiętam o tym, że dostarczam swojemu organizmowi tego, co jest mu potrzebne do życia. I czuję jak on się cieszy.

Rozumiesz?

Jesteś władcą. Dostałaś ciało na własność. Jest twoje. Możesz mu rozkazywać. Możesz wrzucać do niego tyle śmieci, ile ci się podoba.

Ale jednocześnie twoja przyszłość zależy od tego jak zdrowe i silne są twoje wewnętrzne miasta.

Jeśli jesteś bezmyślnym tyranem, który tylko żąda i wymaga, ludkowie w twoich wewnętrznych miastach będą coraz słabsi i mniej szczęśliwi. A potem zaczną chorować.

Bądź dla nich dobra. Bądź troskliwa. Bądź wdzięczna za to, co robią. Za to, że masz zdrowe oczy i możesz czytać książkę. Za to, że możesz rano wyjść na spacer, bo twoje nogi posłusznie cię zaniosą dokąd zechcesz. Za to, że czujesz zapach majowych bzów. Za to, że słyszysz cudowny śpiew kosa. Za to, że czujesz smak brzoskwini.

Bądź dla siebie dobrym Atlantydem. Najlepszym przyjacielem i doradcą.
Karm się tylko zdrowym jedzeniem.
Wyprowadzaj się na spacer.
Wypracuj zdrowy rytm dnia i nocy.
I ciesz się.

Bo kiedy się cieszysz, wszystko staje się proste. Samo się naprawia i przywraca do równowagi, przybiera najlepszy możliwy kształt. I chudnie ciebie tak, jakbyś chciała.

ROZDZIAŁ 69

Zawsze czytam etykiety

Czytam je ze zrozumieniem. Sprawdzam, to, czego nie rozumiem. I muszę powiedzieć, że jestem w szoku. Podam przykład. Kilka dni temu wychodząc ze sklepu zobaczyłam opakowanie dropsów. Różowe, z obrazkiem smakowitych malin i zielonym listkiem.

Na froncie było napisane:
Naturals. No artificial flavours & colours. + Vit C. Filled Fruit Candy.

„Naturalne. Bez sztucznych smaków i barwników. Z dodatkiem witaminy C. Cukierki z owocowym nadzieniem".

Z tyłu był podany skład: cukier, syrop glukozowy, syrop z cukru inwertowanego, regulatory kwasowości: kwas cytrynowy i kwas mlekowy, zagęszczony sok malinowy (1,1% łącznie, 10% w nadzieniu), aromaty identyczne z naturalnymi, koncentrat z winogron i czarnego bzu, substancja wzbogacająca: witamina C.

A teraz uwaga: w składzie tych cukierków nie ma ANI JEDNEJ RZECZY, która byłaby naturalna. Wszystkie są syntetyczne albo zawierają dodatek syntetycznych konserwantów. Dosłownie wszystkie. Nawet witamina C – przecież nie jest witaminą wyjętą z owoców, tylko sztucznie stworzoną w fabryce.

Wszystkie zagęszczone soki i koncentraty zawierają cukier albo inne substancje słodzące, konserwujące i nadające inne cechy.

Na opakowaniu tych dropsów były więc właściwie same kłamstwa. Bo te cukierki nie były nawet w najmniejszym stopniu „naturalne".

I tak jest prawie ze wszystkimi rzeczami ze sklepu.

Nawet superwyglądająca gorzka czekolada uważana za zdrową. Sprawdzałeś z czego jest zrobiona? Zdziwisz się.

Prawdziwą gorzką czekoladę zrobioną tylko z kakao, ewentualnie z dodatkiem naturalnego, nierafinowanego brązowego cukru i prawdziwą wanilią możesz znaleźć tylko w sklepach ekologicznych. I taka czekolada będzie kosztowała pewnie więcej niż dziesięć złotych.

W zwykłych czekoladach ze sklepu – nawet tych w bardzo ładnych opakowaniach – znajdziesz całą masę chemicznych emulgatorów, słodzików i innych sztucznych rzeczy.

Wszystkie te syntetyczne dodatki psują cię od środka.

Niszczą twój układ odpornościowy, zakłócają działanie komórek, wywołują nowotwory, odcinają ci informacje o sytości, przestawiają twój metabolizm na produkcję tłuszczu, tuczą cię i wywołują choroby.

Jedzenie produkowane w fabrykach po prostu przestało być jedzeniem.

Zmieniło się to szybciej niż przepisy prawa.

Dlatego jeśli rozejrzysz się dookoła, spotkasz nadzwyczajnie dużo ludzi chorych, otyłych, smutnych, zniechęconych i bezsilnych.

To wszystko dlatego, że jedzą masowo produkowaną żywność, która zawiera syntetyczne substancje niszczące organizm od środka.

Jeśli chcesz być szczupła, musisz być zdrowa.
Jeśli chcesz być zdrowa, musisz dbać o siebie.
Jeśli chcesz dbać o siebie, musisz zdrowo jeść.

To, czym karmisz
swoje ciało,

w absolutnie bezpośredni
sposób
przekłada się

na twoją siłę,

zdrowie,

samopoczucie

i wygląd.

ROZDZIAŁ 70

Dieta Atlantydzka

Dieta Atlantydzka. Bo kilogramy znikają jak Atlantyda, a ty jesteś dla siebie Najlepszym Doradcą i przyjacielem Atlantydem.

Oto najważniejsze zasady:

Zawsze jem śniadanie. Jeżeli to tylko możliwe, jem śniadanie na gorąco. Najchętniej owsiankę na wodzie z kaszą jaglaną, siemieniem lnianym i bakaliami. Wolę zjeść na śniadanie trochę podgrzanego wczorajszego zdrowego obiadu niż zimną kanapkę.

W ciągu dnia jem często i niewiele. Jem około pięciu niewielkich posiłków w ciągu dnia. Jeśli to tylko możliwe, jem dania gotowane i gorące.

Nie piję zwykłej kawy. Bo nie mam ochoty na kawę — odkąd zaczęłam pić yerba mate. Przypomnę, że yerba mate to zioła z Ameryki Południowej, które zawierają kofeinę wraz z innymi substancjami, które wspólnie dają efekt długiego pobudzenia. Kawa kopie cię mocno i na krótko. Yerba mate lżej, ale bardziej trwale. I nie atakuje serca tak jak kawa.

Piję kawę zbożową. Ma delikatny smak i jest gorąca. I pewnie dlatego zazwyczaj rano przed śniadaniem wypijam kubek gorącej zbożowej kawy. Najbardziej lubię kawę zbożową z dodatkiem fig.

Nie piję mocnej herbaty. Właściwie prawie w ogóle przestałam pić herbatę zawierającą teinę, czyli czarną, zieloną, czerwoną i białą. Nie podjęłam takiej decyzji, to się po prostu stało samo wtedy, kiedy zaczęłam się zdrowo odżywiać. Mój organizm po prostu wtedy stracił ochotę na herbatę, która wcześniej dawała mu pewnie sztuczne pobudzenie i ułatwiała trawienie. Ale kiedy zaczęłam jeść 100% zdrowo, mój organizm bez problemu był w stanie sam sobie dać radę z trawieniem i zasilaniem mnie w energię.

Piję czasem herbaty ziołowe i owocowe. W chłodne i zimne dni mam ochotę na coś gorącego. Wtedy piję herbaty ziołowe i owocowe, ale uwaga. Większość herbat owocowych w sklepach ma sztuczne dodatki – na przykład coś takiego jak „aromat identyczny z naturalnym". To jest syntetyczny aromat podobny do glutaminianu sodu, który sztucznie wzmacnia smak i zapach. I jest tak samo szkodliwy. Dlatego uważnie czytam etykiety i piję tylko herbaty z naturalnych składników. Bardzo lubię ajurwedyjskie herbaty ziołowe i owocowe, które można kupić w polskich sklepach.

Piję wodę. Kiedy jest gorąco, piję chłodną wodę mineralną. Kiedy jest ciepło i bardzo ciepło, piję wodę w temperaturze pokojowej. Kiedy jest chłodno, piję gorącą przegotowaną wodę. Bardzo lubię napić się gorącej wody po jedzeniu.

Nigdy nie robię głodówek. Głodówka to niespodziewane odcięcie zasilania. Organizm nagle przestaje dostawać pożywienie. Do fabryki cegieł nagle przestaje być dostarczana glina. To co robi dyrektor fabryki? Mówi:

– Słuchajcie, musimy uniknąć takich sytuacji w przyszłości. Trzeba zbudować magazyn i tam zawsze trzymać zapas gliny na wypadek przerwy w dostawach.

Buduje magazyn pod twoją skórą i tam trzyma zapasowy tłuszcz, żeby z niego skorzystać w razie nagłego odcięcia dostaw pożywienia.

Nie robię głodówek. Jem tyle, ile potrzebuję. Jem dlatego, że siebie lubię i chcę sobie dostarczyć to, co jest mi potrzebne.

Jem tylko prawdziwe pożywienie. Czyli to, co stworzyła natura i co nie zostało wymieszane z syntetycznymi dodatkami stworzonymi przez człowieka. Kupuję w sklepie suszony groch, soczewicę, fasolę, różne kasze, ryż, świeże warzywa, owoce, nasiona, orzechy itd.

Unikam wszystkiego, co jest sztuczne. Człowiek chciał odtworzyć niektóre wynalazki natury. Myślał, że tak będzie taniej, więcej i wygodniej. Stworzył syntetyczne podróbki smaków i zapachów, ale nie był w stanie zaprojektować ich tak kompleksowo, jak ze swoimi produktami zrobiła natura. Dlatego sztuczne substancje stworzone przez człowieka okazują się toksyczne i trujące. Dotyczy to wszystkich syntetycznych dodatków, łącznie z takimi jak biały cukier, syrop glukozowo-fruktozowy, glutaminian sodu, aspartam, sorbitol, kwas cytrynowy, aromaty, barwniki i wiele innych.

Kupuję proste produkty i gotuję z nich proste, szybkie dania. Komponuję proste dania, w których łączę warzywa, warzywa strączkowe, kasze albo ryż. Takie jak na przykład ciecierzyca z ziemniakami i brokułami, młoda kapusta z pęczakiem, kasza gryczana z grzybami, warzywa z soczewicą i wiele innych. Przepisy zamieściłam w książkach „Na zdrowie. 15 zdrowych przepisów na dobry początek" (listopad 2013), „Moje zdrowe przepisy" (wrzesień 2014), „Jeszcze więcej zdrowych przepisów" (listopad 2014).

Nigdy nie jem gotowych dań ze sklepu. Wszystko, co jest sprzedawane w sklepie jako gotowe do zjedzenia, ma dodatek rozmaitych syntetycznych substancji, które sztucznie to danie podtrzymują przy życiu. Wszystkie potrawy w proszku to zestawy chemicznych proszków, które nie mają nic wspólnego z prawdziwym pożywieniem.

Nigdy nie jem niczego z puszki ani kartonu. Mam na myśli rzeczy gotowe do zjedzenia albo wypicia — soki, konserwy, rybki, kukurydza, zupa itd. W składzie takiego produktu znajdziesz masę chemicznych dodatków, a inne chemiczne substancje przenikają do jedzenia z metalu i plastiku, z których są zrobione opakowania. Poza tym — na zdrowy rozum — czy naprawdę myślisz, że czerwona fasola zapakowana rok temu do metalowej puszki i szczelnie w niej zamknięta jest tak samo zdrowa jak suszona czerwona fasola namoczona na noc i ugotowana?

Nie piję żadnych soków owocowych z kartonów ani butelek. Dotyczy to wszystkich soków, także tych, które reklamują się jako „100%". Bo wszystkie soki są zrobione z koncentratu, a koncentrat to półprodukt pełen konserwantów, sztucznego smaku, zapachu i sztucznego koloru. Soki „nie z koncentratu" też nie są robione w sposób całkowicie naturalny.

Jem wszystko, co jest Prawdziwym Pożywieniem. Prawdziwe Pożywienie nie zawiera syntetycznych substancji. Jem tylko to, co stworzyła natura, bo to jest idealnie kompatybilne z ludzkim organizmem. Kiedyś bałam się jeść awokado i orzechy, bo były zbyt „kaloryczne". Teraz wiem, że one są nie tylko dobre, ale i potrzebne!

Nie liczę kalorii. Bo ludzki organizm to coś więcej niż matematyczne równanie energii dostarczonej w jedzeniu oraz energii zużytej. Jak policzyć ile kalorii spala twój mózg kiedy wpadasz na genialny nowy pomysł? No właśnie. Tego się nie da zmierzyć. Do kosza z liczeniem kalorii. Najważniejsze jest to, co się znajduje wewnątrz jedzenia, a nie to, ile ma kalorii.

Nie jem słodyczy. Ponieważ jest to logiczne następstwo unikania syntetycznych dodatków do jedzenia. Biały cukier to inaczej sacharoza – syntetycznie wyprodukowana substancja, która – jak wszystkie sztuczne rzeczy – niszczy twój organizm od wewnątrz. Jeszcze bardziej szkodliwe są wszystkie sztuczne słodziki – takie jak aspartam, sorbitol, maltodekstryna i inne.

Nie jem żadnych produktów „dietetycznych" – bo w nich jest najwięcej chemicznych, szkodliwych dodatków, które miały obniżyć kaloryczność produktu, ale podniosły jego toksyczność.

Nie zażywam żadnych wspomagaczy odchudzania – żadnych proszków, tabletek, płynów ani innych substancji, ponieważ każda z nich jest zrobiona syntetycznie i moim zdaniem nie wspomaga naturalnych funkcji organizmu, tylko je sztucznie zakłóca, co w dłuższej perspektywie działa niszcząco.

Staram się nie doprowadzić do wielkiego głodu. Staram się pamiętać o tym, żeby nakarmić siebie zanim całkowicie opadnę z sił. Sprawdziłam to doświadczalnie. Kiedy jesteś najedzony, a potem bardzo głodny, potem znów najedzony i znów wycieńczony z głodu, to twój organizm wiecznie musi sobie radzić z nadmiarem. Albo ma za dużo jedzenia, albo za mało. Albo jesteś najedzony do pełna, albo zupełnie pusty. To bardzo wyczerpujące. Znacznie lepiej jest utrzymywać organizm na stałym poziomie zasilania, czyli dostarczać mu niewielkie porcje pełnowartościowego jedzenia – tak żeby miał pewność, że nigdy nie opadnie z sił i że też nigdy nie będzie przejedzony.

Nie przejadam się. W nawiązaniu do tego, co napisałam powyżej – kiedy mój organizm wie, że dbam o niego i pamiętam o uzupełnianiu paliwa, to nie zmusza mnie do najadania się na zapas. Dlatego zjadam porcję jedzenia i czuję się w sam raz. Nie mam potrzeby dojadania czegoś, żeby dopełnić żołądek.

Nie stosuję żadnych sztucznych pobudzaczy. Czyli żadnych napojów energetycznych, żadnych batonów energetycznych ani innych substancji – z dwóch powodów. Po pierwsze dlatego, że są naładowane chemicznymi, sztucznymi, szkodliwymi substancjami (regulatory, przeciwutleniacze, barwniki, słodziki, ekstrakty, aromaty identyczne z naturalnym – czyli syntetyczne zapachy i smaki). Po drugie dlatego, że ich nie potrzebuję – bo kiedy odżywiasz się zdrowo i jesz tylko i wyłącznie pełnowartościowe, prawdziwe jedzenie, to masz energię. Po prostu.

Jem gorące jedzenie zawsze kiedy to możliwe. Nauczyłam się tego w podróży. Po gorącym posiłku zawsze czułam się świetnie i miałam mnóstwo siły. Po zimnym i surowym czułam coś w rodzaju chłodnego ciężaru w brzuchu. Potem odkryłam, że w starożytnej medycynie chińskiej zaleca się jedzenie gorących posiłków dlatego, że ugotowane, ciepłe dania są lżej strawne i zużywają mniej życiowej energii. Tej, która możesz przeznaczyć na myślenie i zachowanie młodości.

Nie słodzę. W ogóle nie używam białego cukru (bo jest sztuczną, chemiczną substancją), nie używam żadnych słodzików (bo są sztucznymi, chemicznymi substancjami). Jem słodkie owoce. Jem czasem suszone owoce (rodzynki, daktyle, figi, morele). A dodatkowy słodki smak czerpię z rzeczy, które zgodnie ze starożytną chińską filozofią pięciu przemian należą do żywiołu Ziemi, czyli zaspokajają potrzebę słodkiego smaku. To są m.in. takie rzeczy jak marchew, ziemniaki, kapusta, kalafior, dynia, kasza jaglana, orzechy, jabłka, cynamon i wiele innych rzeczy.

Nie smażę. Bo nie używam oleju w żadnej postaci ani innego tłuszczu zrobionego przez człowieka. Poza tym odkryłam, że smażone rzeczy są ciężkie, dłużej zalegają w żołądku. Kiedyś lubiłam zjeść smażone jajko, ale czułam, że ono długo leży w moim żołądku i ciężko się trawi. Potem zaczęłam jeść jajka gotowane przez mniej niż 10 minut i od razu poczułam różnicę. Dzisiaj niczego nie smażę i nie czuję takiej potrzeby.

Nie używam żadnych sosów. Mam na myśli gotowe sosy z butelek czy proszków, ale także sosy zrobione przez kucharza. Sos prawie zawsze jest zrobiony na bazie mąki i glutaminianu sodu albo jakiejś jego odmiany i jego zadaniem ma być sztuczne wzmocnienie smaku potrawy. Ale jeśli nauczysz się czuć smak potraw, to sos będzie ci po prostu przeszkadzał. Dla mnie sosy są właściwie niepotrzebne. Wolę zjeść gorącą suchą kaszę gryczaną niż kaszę wymieszaną z sosem.

Nie używam zwykłej białej mąki. Biała mąka w procesie wybielania i oczyszczania została pozbawiona 99% wartości odżywczych, więc jest śmieciowym produktem, który nie przynosi do twojego organizmu niczego pożytecznego. I dlatego też – patrz poniżej.

Nie jem makaronu, pierogów, naleśników itp., czyli rzeczy zrobionych z białej mąki, która nie zawiera żadnych wartości odżywczych, a zalega w organizmie jako trudna do strawienia skrobia.

Nie jem chleba na co dzień – z kilku powodów. Najważniejszy jest taki, że trudno kupić chleb uczciwie zrobiony z prawdziwej, pełnoziarnistej mąki i na zakwasie bez żadnych chemicznych dodatków. Wszystkie chleby, bułki i ciastka robione w przemysłowy sposób i sprzedawane w sklepach, piekarniach i cukierniach to wyroby pełne chemicznych proszków dodawanych, żeby miały lepszy wygląd, mocniejszy smak, zapach i pulchność, żeby zbyt szybko się nie psuły, żeby miały odpowiednią skórkę itd. Przestałam więc jeść chleb na co dzień. Ale – i to jest najdziwniejsze – wcale mi go nie brakuje.

Piekę zdrowy chleb i zdrowe ciastka! Czasem piekę prawdziwy, zdrowy chleb z pełnoziarnistej, ekologicznej mąki żytniej na zakwasie. Czasem piekę też tak samo 100% zdrowe, pełnoziarniste ciastka na zakwasie, które sama wymyśliłam. Robię je z dodatkiem przypraw i mnóstwa bakalii, więc są słodkie, chociaż nie dodaję żadnych słodzików. Piekę je zwykle wtedy, kiedy wyjeżdżam na kilka dni i nie mam pewności czy w podróży będę miała możliwość odpowiedniego odżywiania się. Zabieram je więc ze sobą na wypadek głodu albo niespodziewanych okoliczności. Moje przepisy na chleb i słodkie placki zamieściłam w książce „Piekę zdrowy chleb! I ciastka!" wydanej w listopadzie 2014 r.

Nie jem mrożonek. Bo nie wierzę w to, że żywa, czerwona truskawka pełna słońca i tlenu jest w stanie być tak samo żywa po roku leżenia w szczelnie zamkniętym opakowaniu, zimnie i dziesięciostopniowym mrozie. Po prostu nie wierzę. Kiedy zaczęłam sama gotować, nagle odkryłam, że mrożonki właściwie do niczego nie są mi potrzebne.

Nie używam mikrofali. Nigdy i do niczego. Kuchenka mikrofalowa wydziela szkodliwe promieniowanie i niszczy wewnętrzną strukturę pożywienia, które do niej włożysz.

Podjadam między posiłkami jeśli mam ochotę – ale oczywiście tylko i wyłącznie zdrowe rzeczy – świeże owoce, kilka orzechów albo migdałów, suszoną figę albo daktyla, garść pestek dyni.

Zawsze mam ze sobą coś na nagły głód. Nazywam to *salvavida*. To jest hiszpańskie słowo oznaczające dosłownie kamizelkę ratunkową, ale w przenośni – coś, co ratuje życie. Zdarzają się takie sytuacje, kiedy nie mogę normalnie zjeść i czuję, że robię się głodna. Wtedy pomaga mi garść migdałów, kawałek mojego pełnoziarnistego placka z bakaliami albo suszone daktyle.

Nie jem mięsa. Sprawdziłam skąd pochodzi mięso sprzedawane w sklepach i jestem w 100% przekonana o tym, że to mięso nie może być zdrowe. Nie namawiam cię do przejścia na wegetarianizm. Namawiam cię, żebyś miał odwagę spotkać zwierzęta, które zjadasz. Zobacz gdzie są trzymane, w jakich warunkach, spójrz im w oczy, sprawdź co jedzą i co noszą w swoich organizmach. Moim zdaniem to są obozy koncentracyjne dla zwierząt. To jest okrutne, szerzy destrukcję i zło. Nie mogę uwierzyć, że te obozy koncentracyjne dla kur, krów i świń są legalne, ale jak dotąd wciąż są.

Nie jem nabiału ani jajek. Kiedyś uwielbiałam twaróg i jogurt. Potem zaczęłam czytać etykiety i zrozumiałam, że żaden jogurt i żaden ser ze sklepu nie są zdrowe, bo do wszystkich dodaje się syntetyczne konserwanty, wypełniacze, zagęstniki i inne rzeczy. Właściwie nie miałam wyboru. Albo uczciwie odżywiam się 100% zdrowo, albo nie. Postanowiłam więc na próbę przestać jeść nabiał. To było niesamowite! Dopiero wtedy poczułam jakie ciężkie i obce organizmowi są rzeczy zrobione z krowiego mleka!

Bo przecież krowa wytwarza mleko dla swoich cielaczków, a nie dla ludzi. Nie wytwarza mleka przez cały rok, ale tylko wtedy, kiedy ma małe dzieci.

To ludzie usiłują naginać prawa przyrody i zmuszać krowy do nienaturalnego zachowania. I sami potem na tym cierpią, bo mleko zakwasza organizm, obciąża układ trawienny i prowadzi do wypłukania wapnia z kości, co w konsekwencji przyczynia się do osteoporozy.

Nie jem jajek, nie piję mleka ani żadnych mlecznych przetworów i w ogóle mi ich nie brakuje.

Jem dla siebie. Jem dlatego, że chcę zasilić mój organizm. Lubię siebie. Chcę o siebie dbać i dlatego staram się dostarczyć moim wewnętrznym miastom wszystkiego, czego potrzebują do budowania zdrowia i siły.

Lubię siebie. Jestem dla siebie najlepszym przyjacielem i doradcą. Jestem Atlantydem, który opiekuje się mną w najlepszy możliwy sposób. Szukam informacji, uczę się, poszerzam moją wiedzę na temat tego jak działają moje komórki, mój mózg czy żołądek. Chcę zrozumieć, bo dzięki temu będę mogła lepiej o siebie dbać.

To jest naprawdę bardzo proste.

Wystarczy tylko chcieć.
Podjąć decyzję
i wierzyć w to,
że ta decyzja jest
słuszna i uczciwa.
Podjąć zobowiązanie
wobec samego siebie.
I konsekwentnie je wypełnić.

Z przyjaźnią i pozytywnym
nastawieniem do siebie.
Bo wszystko zaczyna się
od myśli, jaką w sobie nosisz.

**Twoja intencja
jest twoim
przeznaczeniem.**

a teraz
uśmiechnij się
i powiedz do siebie
coś miłego ♡

a teraz
uśmiechnij się
i powiedz do siebie
coś miłego ♡

Od Autorki:

Lubię przecinki. Daję im artystyczną wolność, nieskrępowaną
schematem. Przecinek mówi czasem więcej niż słowo, zatrzymuje
myśl, oddziela znaczenia, a czasem nadaje im nowy sens.
Także wtedy kiedy znika.

I dlatego przecinki w tej książce są postawione i zniknięte
zgodnie z artystyczną wolnością, wbrew zaleceniom korekty
i na moją odpowiedzialność.

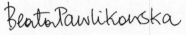

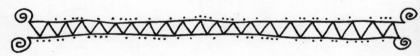

Copyright © 2014 for the text and drawings by Beata Pawlikowska

Copyright for the Polish Edition
© 2014 Burda Publishing Polska Sp. z o.o. Spółka Komandytowa,
02-674 Warszawa, ul. Marynarska 15

Wydanie I

Dział handlowy: tel. (48 22) 360 38 38, fax (48 22) 360 38 49
Sprzedaż wysyłkowa: Dział Obsługi Klienta, tel. (48 22) 360 37 77

Tekst i rysunki: Beata Pawlikowska
Projekt okładki: Beata Pawlikowska i Maciej Szymanowicz
Opracowanie graficzne: Beata Pawlikowska i Maciej Szymanowicz
Zdjęcie na okładce: Mariusz Martyniak/Matys Studio
DTP: Maciej Szymanowicz
Druk: Białostockie Zakłady Graficzne SA

ISBN: 978-83-7778-890-5